SCÉNARIO CATASTROPHE !
Manuel de Survie :
AVEC LES ENFANTS

SCÉNARIO CATASTROPHE !
Manuel de Survie :
AVEC LES ENFANTS

Joshua Piven, David Borgenicht et Sarah Jordan
Illustrations de Brenda Brown
Traduit de l'anglais par Agnès Girard

éditions
365
editions365.com

AVERTISSEMENT

Lorsqu'une vie est en danger ou une situation désespérée, il est possible qu'aucune solution efficace n'existe. Pour affronter les scénarios catastrophe dont il est question dans ce livre, nous vous recommandons vivement – expressément, même – de consulter un expert confirmé. Mais dans la mesure où les experts confirmés ne sont pas toujours à portée de main lorsque la sécurité physique ou psychologique d'un être humain est en jeu, nous avons demandé à des experts dans différents domaines de nous décrire les techniques auxquelles ils auraient recours dans ces situations d'urgence.

L'ÉDITEUR, LES AUTEURS ET LES EXPERTS DÉCLINENT TOUTE RESPONSABILITÉ quant aux blessures pouvant résulter de l'usage, bon ou mauvais, des informations contenues dans cet ouvrage. Bien que tous les conseils figurant ici nous aient été prodigués par des experts confrontés aux situations décrites, nous n'en garantissons ni l'exhaustivité, ni la fiabilité absolue, et ils ne devront en aucun cas se substituer au bon sens et à la capacité de jugement du lecteur. Enfin, rien dans cet ouvrage ne saurait être compris ou interprété comme une violation des droits de l'homme ou du droit pénal ; nous vous demandons instamment de respecter les lois et les droits d'autrui, y compris les droits de propriété.

—Les auteurs

SOMMAIRE

3 L'adolescence…131

**J'étais bien meilleur parent
avant d'avoir des enfants.**

Anonyme

INTRODUCTION

Quatre experts de la survie sur cinq sont d'accord pour dire que les pires scénarios catastrophe ne sont pas ceux qui impliquent des animaux sauvages agressifs, de grosses machines en panne ou Dame Nature en colère. Les requins, les trains fous et les avalanches ne sont pas de vrais dangers. L'être humain, si.

Et de tous les êtres humains, ceux qui génèrent le plus de risques sont les enfants.

Ce qui signifie que les parents courent en permanence les plus grands dangers de la terre, et ce, pas seulement pendant le court instant où il s'agit de s'extraire d'une voiture tombée à l'eau ou de sauter d'un toit à l'autre, mais pendant des années et des années, parfois même pendant plusieurs décennies. Au moment où les parents pensent avoir la situation en main côté nouveau-né, l'enfant se met à marcher, et soudain, voilà qu'il a dix ans, et quelque temps plus tard, qu'il devient ado. Chaque étape engendre son lot de dangers, de situations catastrophe qui bouleversent la vie des parents. Être parent, c'est passer chaque jour un nouveau concours d'endurance, courir du matin au soir un marathon physique, psychologique et financier, vivre une épopée de la survie.

Depuis que l'homme existe, il existe des parents et des enfants, c'est dire si ça fait un bail. Et pourtant, élever des enfants n'en est pas devenu plus facile ou moins dangereux pour autant. Bien sûr, certains problèmes ont disparu quand la famille a quitté la caverne pour le F4 bien situé, très clair et fonctionnel, mais de nouveaux problèmes ont vu le jour quand l'ado s'est permis d'emprunter la caisse de papa. Résultat, les conseils classiques en matière d'éducation sont vite devenus obsolètes face au progrès technologique et aux changements culturels. L'apparition de souches d'enfants résistant aux parents n'a pas aidé non plus. D'où la nécessité indiscutable d'un ouvrage comme celui-ci, destiné à vous, parents.

Nous avons opté pour une approche chronologique du sujet, en commençant par la naissance de l'enfant, pour terminer avec le moment où il quitte le domicile familial (vous trouverez à cet égard quelques conseils visant à prévenir toute velléité de retour au bercail). Le premier chapitre couvre la période zéro-trois ans, avec des idées pour gérer un bébé qui hurle en avion, pour protéger la maison contre l'enfant, pour garder le contrôle d'une poussette dans des conditions extrêmes. Le chapitre suivant vous aidera à naviguer dans les années trois à douze, avec des instructions très détaillées pour retirer du nez de votre enfant une boulette de papier, pour récupérer un enfant coincé dans un arbre (non, attendre qu'il tombe n'est pas envisageable), pour remettre sa tête à une poupée ou pour survivre à un samedi de foot. Enfin, le dernier chapitre est consacré aux années de l'adolescence, où il vous faudra apprendre à survivre au premier rendez-vous amoureux, à la sortie en conduite accompagnée, à des goûts musicaux très différents des vôtres et à une façon de s'habiller pour le moins provocatrice.

L'appendice est un outil essentiel pour comprendre l'argot ado et décoder les textos de votre cœur d'amour. Vous y trouverez également une liste d'expressions clichés utilisées par les parents et un petit laïus très complet sur les choses de la vie.

Tout comme dans nos précédents ouvrages, nous avons réuni des experts, qui vous offrent ici leurs conseils éclairés. Avocats, clowns de cirque, thérapeutes familiaux, fabricants de chewing-gum, urgentistes, hôtesses de l'air, consultants en sécurité et coureurs cyclistes nous ont aidés à vous aider à prendre les bonnes décisions, aussi dangereuse ou incompréhensible la situation fût-elle.

Que les choses soient bien claires : il n'y a rien de plus merveilleux que le rôle de parent. Donner son amour à un enfant, le regarder grandir, faire en sorte qu'il soit heureux et en bonne santé est un merveilleux accomplissement en soi. Se glisser en pleine nuit dans la chambre de son enfant pour écouter sa respiration et le regarder dormir est réellement, assurément, un moment de joie profonde pour tout parent.

Pour tous les autres moments, ceux où il ne dort pas, ayez cet ouvrage sous la main.

—Les auteurs

CHAPITRE 1

DE ZÉRO À TROIS ANS

COMMENT GÉRER UN BÉBÉ QUI HURLE EN AVION

1 Faites des efforts visibles pour calmer votre enfant.

Les autres passagers et le personnel de bord seront moins à cran s'ils pensent que vous faites vraiment tout votre possible. Parlez à votre enfant, chantez-lui quelque chose, faites-le sauter sur vos genoux. Proposez-lui un biberon, une sucette, ou quelque chose à grignoter. Bercez-le, allez et venez avec lui dans les allées, distrayez-le avec la fiche cartonnée des conseils de sécurité, avec les sacs à vomi ou avec le téléphone de bord. Faites tout ce que vous pouvez pour calmer votre bébé et faites-le haut et fort.

2 Provoquez la confusion et la distraction.

Si votre enfant ne se calme pas, faites l'idiot(e). Louchez, faites beudeubeudeubeudeu en bougeant vos lèvres avec l'index, chantez, de préférence un air d'opéra, à plein poumons – faites tout ce que vous pouvez pour que votre enfant oublie son caprice. Ensuite, calmez-le de façon plus traditionnelle.

3 Ne paniquez pas si votre enfant persiste à hurler.

Dites-vous que c'est un mauvais moment à passer, que dans une vie, ces quelques instants ne sont rien, et que même si les autres passagers vous fusillent du regard, vous faites de votre mieux.

Dites-vous que vous ne reverrez jamais ces gens.

4 **Ayez recours aux médicaments et à l'alcool.**

Certains médicaments en vente libre peuvent être administrés en cas d'urgence. Les médicaments pour enfants destinés à soigner un coup de froid ou une allergie, en particulier, marchent très bien dans ce cas précis et provoquent en général une somnolence ainsi qu'un sentiment d'apaisement. Cependant, il arrive qu'ils ne fassent effet qu'au bout d'une demi-heure ou plus, et provoquent un surcroît d'agitation chez l'enfant. L'alcool, c'est pour vous, avec modération bien sûr.

5 **Allez aux toilettes.**

Si votre enfant ne se calme pas, battez en retraite dans les toilettes avec lui et cloîtrez-vous à l'intérieur jusqu'à ce qu'il s'épuise. Tenez votre bébé devant le miroir et dites « Oh ! Il y a un autre bébé dans la pièce ! » ou faites comme si vous « descendiez au sous-sol » en allant et venant devant le miroir et en pliant chaque fois un peu plus les genoux.

6 **Achetez le pardon des autres passagers.**
Payez-leur à boire, donnez-leur vos cacahuètes, vos boules Quiès et proposez-leur de payer la note de pressing.

7 **Souvenez-vous que vous ne reverrez jamais ces gens.**

On vous aura prévenu

- Question hurlements de bébé, les passagers de première et de business class ont un seuil de tolérance souvent assez bas.
- Ne faites pas semblant de ne pas connaître l'enfant. Juridiquement parlant, abandonner ou maltraiter un enfant vous vaudra beaucoup plus d'ennuis que mettre 350 passagers à cran.

SI VOUS ÊTES À COURT DE COUCHES

1 **Demandez plusieurs serviettes en tissu à l'hôtesse.**
Les serviettes en tissu font d'excellentes couches de fortune.

2 **Pliez deux serviettes en rectangle.**

3 **Placez les deux serviettes pliées (partie absorbante) au centre d'une troisième serviette (partie culotte).**

4 **Attachez comme une couche en tissu normale.**
Pour la maintenir en place, vous avez plusieurs solutions efficaces : épingles de nourrice, épingles à cheveux, pinces à cheveux ou pinces à dessin. Attention, ne laissez la couche en place que peu de temps. Les serviettes sont en général amidonnées et peuvent irriter les fesses de bébé.

Posez deux serviettes pliées au centre d'une troisième.

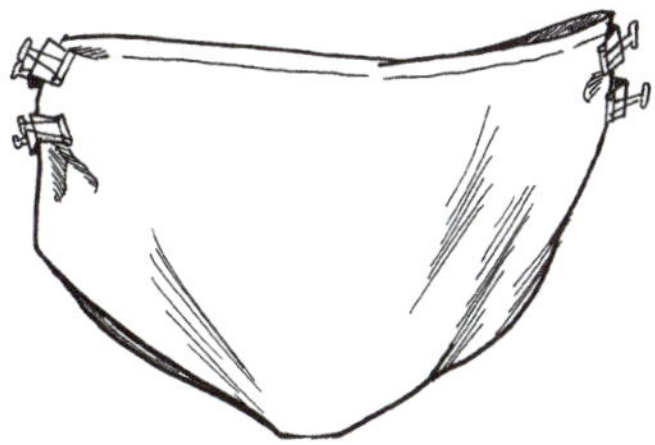

Les pinces à dessin assurent un maintien efficace.

On vous aura prévenu

Les articles suivants ne doivent en aucun cas être utilisés comme couche de secours :

- Foulard en soie
- Blouson en daim
- Chapeau de paille
- Couverture en laine
- Casquette de base-ball
- Gilet de sauvetage

COMMENT PRÉPARER UN BIBERON DE FORTUNE

Avec une pipette à médicaments ou une poire à sauce.
Faites couler un peu de lait (ou de bouillie liquide) dans la joue du bébé. Laissez-lui le temps d'avaler avant d'en remettre.

Avec une paille.
Aspirez du liquide dans la paille et bouchez-la à l'aide du pouce. Placez la paille dans la bouche du bébé et retirez votre pouce par à-coups pour laisser couler le liquide en petites quantités.

Avec une saucière.
Versez doucement de petites quantités de liquide dans la bouche du bébé, en vous servant du bec verseur pour bien diriger le liquide. Le petit pot à lait d'un service à thé peut également être utilisé. Encore mieux : le pot à lait d'une dînette.

Avec un pistolet à eau.
Remplissez le réservoir avec du lait. Appuyez doucement sur la gâchette et propulsez le lait dans la joue de bébé.

Avec un bidon de cycliste.
Appuyez doucement pour faire sortir le lait directement dans la bouche de l'enfant.

Biberons de fortune

Pistolet à eau

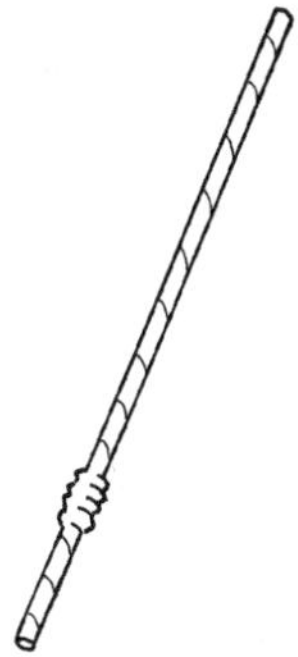

Paille

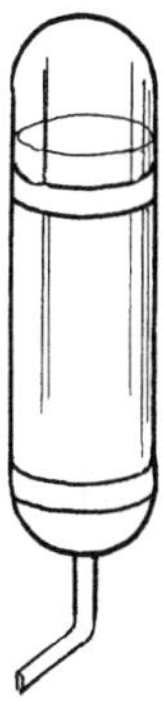

Réservoir d'eau
pour hamster

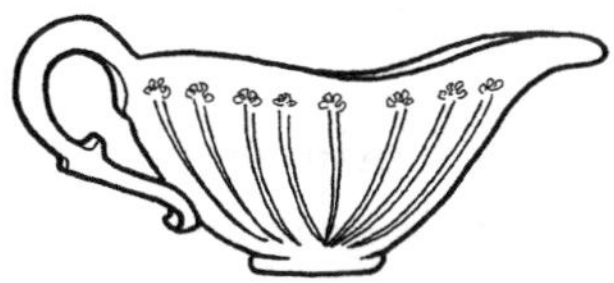

Saucière

Poire à sauce

Poche à douille

Avec une poche à douilles.
Remplissez la poche aux trois-quarts avec du lait, en obturant d'un doigt l'extrémité de la douille. Tordez le haut de la poche pour empêcher que le lait s'échappe. Glissez délicatement la douille entre les lèvres du bébé à intervalles réguliers et contrôlez le débit du bout du doigt. Les douilles rondes, ovales et pétales sont en général mieux tolérées.

Avec le réservoir d'eau du hamster.
Stérilisez le réservoir et la canule. Remplissez le réservoir de lait. En principe, il est équipé d'une bille empêchant le liquide de couler tant qu'il n'y a pas stimulation par l'animal – ou le bébé. Une utilisation à la carte n'est pas souhaitable, donc n'attachez pas le réservoir au siège-bébé ou au couffin.

On vous aura prévenu

N'utilisez pas les mignonnettes offertes dans les avions, ni les gants en caoutchouc ou les ballons de baudruches percés en guise de biberon.

COMMENT DONNER UN BAIN À BÉBÉ SANS BAIGNOIRE

Vous aurez besoin de : savon, shampoing, jouets de bain, gant de toilette, coton hydrophile, cape de bain et couche.

1 **Choisissez un endroit / un récipient.**

Sont acceptables :

- Lavabo
- Grand plat à gratin
- Boîte hermétique grand modèle
- Poubelle (vide et propre)
- Aquarium
- Océan
- Fontaine publique
- Bassin à carpes

Ne pas utiliser :

- Lavomatique pour voitures (avec les vitres baissées)
- Cuvette des toilettes
- Lave-linge à chargement frontal
- Nettoyeur haute pression (Kärcher)
- Lave-vaisselle
- Bains bouillonnants

2 **Tapissez le fond du récipient avec des serviettes.**

Cela empêchera le bébé de glisser, et sera plus confortable, aussi.

Tenez bien le bébé avec votre main libre.

3 Remplissez d'eau tiède.

Vérifiez la température de l'eau avec votre poignet ou votre coude avant de mettre le bébé dans l'eau. Faites en sorte que la pièce où vous donnez le bain soit bien chauffée.

4 Déshabillez le bébé.

5 Posez le bébé dans sa « baignoire ».

6 Tenez bien le bébé tout en le lavant.

Tenez le bébé de votre main libre. Proposez-lui un petit jouet de bain de fortune, par exemple un trousseau de cuillères à mesurer ou une petite balle. Ne lui proposez pas : un verre mesureur ou tout autre objet pouvant servir à vider la baignoire.

7 **Rincez le bébé.**

Utilisez le gant, que vous trempez régulièrement dans de l'eau propre et que vous essorez sur le bébé. Vous pouvez aussi vous servir d'un pichet d'eau propre que vous versez directement sur le bébé, mais assurez-vous que l'eau n'a pas trop refroidi. N'essayez pas de rincer le bébé en lui versant de l'eau dessus si la « baignoire » est déjà pleine à ras bord.

8 **Sortez le bébé et séchez-le.**

Enveloppez le bébé dans une serviette pas trop rêche et tapotez-le pour le sécher et l'empêcher d'avoir froid.

On vous aura prévenu

- Pour éviter de mettre du savon dans les yeux du bébé quand vous lui lavez les cheveux, penchez-lui la tête en arrière et posez un gant de toilette sur son front. Ne cherchez pas à tenir le gant ou à lui protéger les yeux avec une main, vous avez besoin de cette main pour tenir le bébé pendant que l'autre le lave et le rince. Quand le bébé est un peu plus grand, utilisez un bandeau en éponge, un foulard ou une petite visière de golf pour lui protéger les yeux.
- Pour une toilette partielle, utilisez un pistolet à eau, une bouteille de solution saline que vous presserez ou un vaporisateur. Une petite fontaine peut aussi servir à rincer un bébé pas trop sale, en n'exposant au jet que la partie nettoyée. Attention tout de même, c'est de l'eau froide.
- Ne lavez pas le bébé avec des lingettes. Ce qui est bon pour ses fesses peut être irritant pour le reste de son corps.

COMMENT ENDORMIR BÉBÉ

Emmaillotez-le.
Pliez le coin d'une couverture de bébé et posez-le dessus, la tête au-dessus du pli. Ramenez un côté de la couverture sur bébé et bordez-le en la glissant sous lui. Serrez bien mais pas trop quand même, qu'il puisse respirer. Repliez le bas de la couverture sur lui, glissez la pointe supérieure dans la couverture, puis rabattez l'autre côté par-dessus et bordez par-derrière. Le bébé devrait être bien au chaud.

Balancez-vous.
Tenez le bébé emmailloté contre vous. Faites passer votre poids d'un pied sur l'autre. Cette stimulation rythmique provoquera la somnolence chez le bébé. Maintenez-le de façon que son oreille soit contre votre cœur. Les battements l'apaiseront.

Trouvez une source sonore apaisante et laissez le bébé à proximité.
Le bruit d'un sèche-linge, d'un lave-linge, d'un mixer, d'un moulin à café, d'un sèche-cheveux, d'un aspirateur, d'une tondeuse à gazon, d'un souffleur à feuilles ou d'un climatiseur exerce, sur un grand nombre de bébés, un pouvoir soporifique qu'il convient de ne pas négliger. Un métronome et le tic-tac d'une pendule peuvent aussi aider à l'endormissement car ils rappellent au bébé les battements de cœur de sa mère.

Posez le bébé sur le lave-linge ou le sèche-linge.
Branchez l'appareil et lancez un cycle normal. Les vibrations et le bruit favorisent l'endormissement. Gardez toujours un œil sur le bébé.

Allez faire un tour en voiture.
Les vibrations de la voiture en marche endorment la plupart des nourrissons vitesse grand V. Entrouvrez votre vitre, l'air vous gardera éveillé et produira un bruit apaisant pour le bébé. Ne prenez pas le volant si vous êtes fatigué et pas en état de conduire – c'est lui qui doit s'endormir, pas vous.

Les vibrations du lave-linge ou du sèche-linge peuvent favoriser l'endormissement.

Dansez sur une musique au rythme appuyé.

Tenez bien l'enfant dans vos bras et sautez, tournez, tanguez en rythme. Faites en sorte que le bébé bouge bien en rythme lui aussi. Les mouvements ininterrompus, réguliers enverront une surcharge de messages à la partie du cerveau qui analyse les informations. Évitez la musique atonale, la musique classique du début du vingtième siècle, le be-bop ou toute musique dissonante. Faites le bon choix en optant pour le reggae, la house, la dance/trance, le disco, la pop et la musique minimaliste.

Montez et descendez un escalier.

Tenez bien le bébé. Montez et descendez à un rythme rapide et régulier. (Et en plus, vous ferez de l'exercice.)

Pensez à la sucette.

La sucette (ou tétine, totote et tous les petits noms doux qu'on veut bien lui donner) peut favoriser l'endormissement chez certains bébés, parfois à un tel point que c'en est spectaculaire. Le problème reste qu'ensuite, bébé ne peut plus s'en passer, et que si elle est perdue, c'est une catastrophe nationale.

À n'utiliser comme sucette sous aucun prétexte

Bouteille

Téléphone portable

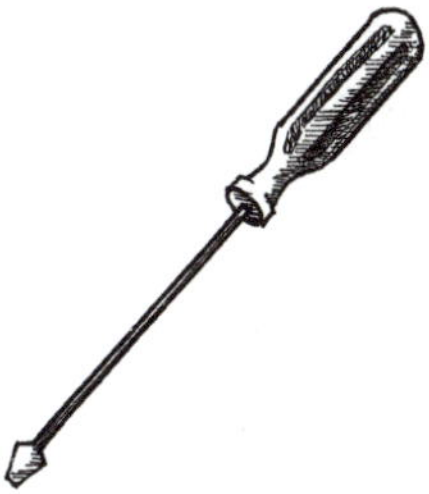

Tournevis

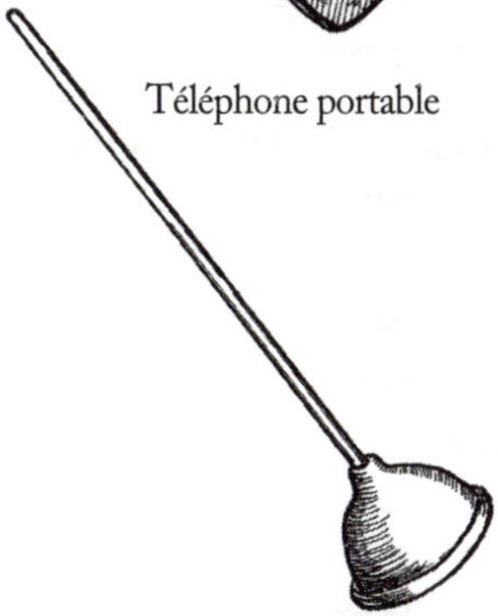

Ventouse

Talon de chaussure

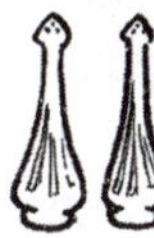

Salière ou poivrière

Ampoule électrique

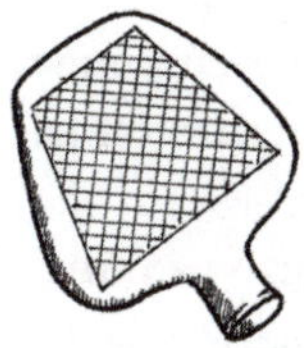

Raquette de ping-pong

COMMENT SE PROTÉGER CONTRE LES DÉSAGRÉMENTS HUMIDES

Protégez vos deux épaules sous une épaisseur de tissu anti-reflux.

En matière de projections humides et salissantes, les épaules sont les cibles privilégiées. Couvrez-les à l'aide d'une couche en tissu ou d'une serviette de table (en dernier recours, décousez les épaulettes en mousse de votre chemisier s'il en a et posez-les à l'extérieur). N'épinglez pas la serviette de protection à votre épaule, vous pourriez blesser le bébé.

Attachez-vous les cheveux.

Faites une queue-de-cheval si vous avez les cheveux longs et mettez-la bien dans le dos pour empêcher les petits doigts plein de purée de s'y agripper. Si vous le pouvez, faites un chignon bien haut sur la tête. Pour le maintenir en place, n'utilisez ni épingles, ni pinces, ni élastiques que le bébé peut saisir. Optez plutôt pour un filet à cheveux, une casquette ou un passe-montagne pour une protection totale.

Protégez vos yeux.

Les lunettes de piscine, de laboratoire ou tout autre équipement de protection empêcheront la purée, le jus d'orange et les petits doigts de venir vous abîmer les yeux.

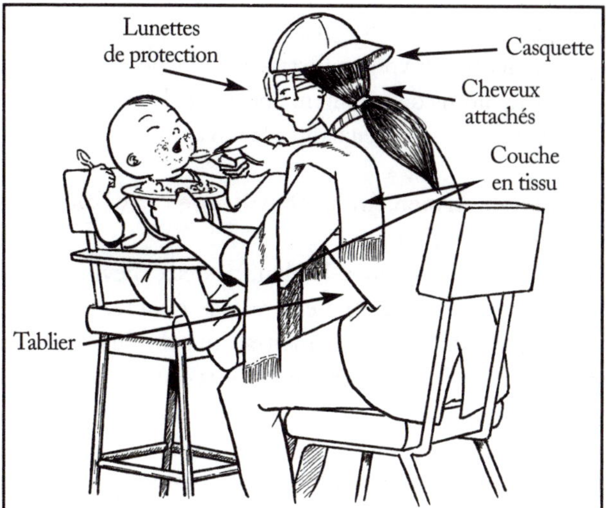

Un équipement de protection vous évitera des désagréments humides.

Préférez les modèles équipés d'un bandeau élastique, qui seront plus difficiles à arracher.

Mettez une blouse.
Une vieille chemise usée, ample et portée à l'envers fait très bien l'affaire.

Portez une serviette de bain.
Faites une fente au milieu, pour la tête. Roulez les bords, pour empêcher que le tissu s'effiloche.

Portez une couche supplémentaire de vêtements.
Les tuniques et pantalons de chirurgie, ou les pyjamas XL, protègent efficacement, sur une grande surface, sont faciles à mettre et à ôter, et se lavent sans problème.

Ne portez rien.

En particulier si vous nourrissez un bébé patouilleur, portez le moins de vêtements possible. Prenez un petit bain rapide tous les deux après le repas.

Maintenez fermement les chevilles de votre bébé quand vous le changez.

Sans lui faire mal, tenez-le bien, les deux chevilles dans une main. N'en lâcher ne serait-ce qu'une, en plein changement de couche, permettrait au bébé de plonger le pied directement dans le contenu de sa couche, et ça, vous n'y tenez pas.

Mettez une barrière en place quand vous changez votre fils.

Placez une couche en tissu ou une serviette sur la partie inférieure de son abdomen, après avoir ôté la couche sale. Vous serez ainsi à l'abri d'une petite envie pas contrôlée du tout, et pour cause.

COMMENT FAIRE POUR QUE LA MAISON SOIT SANS DANGER (OU PRESQUE) POUR BÉBÉ (ET INVERSEMENT)

1 **Parcourez votre maison à quatre pattes, pour la voir du point de vue de l'enfant.**
Anticipez sur ce qui est susceptible de l'intéresser.

2 **Faites disparaître tous les angles saillants.**
Fabriquez des protections en polystyrène ou en plastique à bulles. Protégez tous les angles saillants qui sont à portée de l'enfant, y compris ceux de toutes les tables, basses ou non, des bibliothèques, de la télévision, de la chaîne hi-fi, des sièges en dur, des commodes, des sommiers et des bureaux.

3 **Protégez les prises électriques.**
Utilisez des protège-prises à ressorts, celles que l'on glisse simplement dans la prise sont trop faciles à retirer. Si vous le pouvez, placez les prises hors d'atteinte en hauteur, juste au-dessous du plafond, ou remplacez tous vos appareils électriques par des appareils fonctionnant sur piles. Mais les piles sont toxiques, alors attention.

4 **Installez des systèmes anti-ouverture des fenêtres.**
Ils doivent empêcher une ouverture de plus de 10 cm et sont également efficaces contre les cambrioleurs. Attention, choisissez tout de même un modèle facile à ouvrir en cas

avant

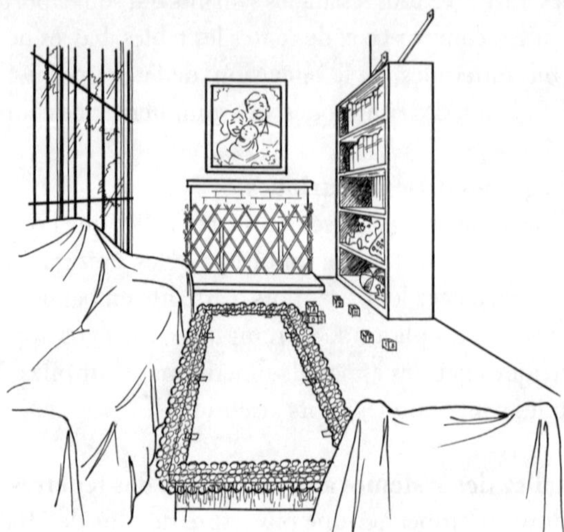

après

d'urgence. Protégez les fenêtres basses avec une plaque de plastique transparent ou collez un film adhésif Mylar pour empêcher l'enfant de casser la vitre. Si vos fenêtres sont à bascule, gardez-les fermées en permanence. Si vraiment vous tenez à les ouvrir, installez des barreaux à l'extérieur, espacés de 10,16 cm au maximum.

5 **Installez des poignées tournant à vide.**
Dissuadez votre enfant d'entrer dans des pièces non sécurisées ou dans des placards, en les équipant de poignées tournant à vide quand un enfant essaie de les manœuvrer.

6 **Installez des protections de tiroirs et de placards.**
Pour empêcher votre enfant d'atteindre le tiroir à couteaux ou d'ouvrir le placard à produits d'entretien, sous l'évier, installez des bloque-tiroirs/placards.

7 **Suspendez des serviettes sur les portes pour empêcher l'enfant de se claquer la porte sur les doigts.**
Ou bien retirez toutes les portes. Ça peut être sympa.

8 **Vissez les meubles les plus lourds aux murs.**
Les meubles hauts et lourds peuvent être tirés et renversés par un enfant, en particulier s'il tente l'escalade de la bibliothèque par la face nord. Vissez et fixez comme vous pourrez la bibliothèque, ainsi que les armoires, les commodes et les télévisions. Scotchez les lampes aux tables ou au sol.

9 **Évitez les sacs de nœuds.**
Faites des nœuds aux rideaux pour les mettre hors de portée (ou pour compenser la perte de votre mouchoir), ou retirez-les carrément, de même que les stores et tous les fils sur lesquels on pourrait tirer, en particulier les fils électriques.

10 **Supprimez les plantes toxiques.**
Si vous n'êtes pas sûr de la toxicité d'une plante, jetez-la quand même. Ce conseil vaut pour les plantes d'intérieur comme pour celles du jardin.

11 **Installez des barrières de sécurité.**
N'utilisez que des barrières à barreaux verticaux de 1 mètre environ, avec une barre horizontale en haut et une en bas. Évitez à tout prix les barrières pliantes, sur lesquelles un enfant peut grimper. Installez une barrière en haut de l'escalier et une en bas. Laissez-la fermée en permanence, même si le bébé dort ou n'est pas là.

12 **Empêchez l'accès à la cheminée.**
Placez une plante non toxique ou de fausses bûches dans le foyer. Installez une barrière tout autour de l'âtre pour empêcher l'enfant d'approcher la cheminée ou de se blesser en heurtant les bords de la cheminée. Supprimez tous les accessoires de cheminée. Attendez que l'enfant ait grandi pour faire du feu.

13 **Baissez la température de l'eau chaude.**
Branchez la chaudière sur 50 °C ou moins. Votre bébé ne risquera pas de s'ébouillanter.

14 **Rembourrez le robinet de la baignoire.**
Emmitouflez-le dans de la mousse pour éviter que bébé s'ouvre le crâne en faisant le fou dans son bain.

15 **Protégez la cuisinière.**
Posez un protège-plaques de cuisson en plastique pour empêcher que votre enfant puisse tendre une main, saisir et tirer une casserole chaude, ou se brûler les doigts sur

Ne laissez pas le bébé regarder le chien boire dans les toilettes.

une plaque encore chaude ou sur la flamme. Fixez un cache-boutons pour qu'il ne puisse pas ouvrir le gaz ou allumer une plaque accidentellement.

16 **Posez des bloque-rabats sur tous les sièges de toilettes.**
Ne laissez pas le bébé regarder le chien boire dans les toilettes.

17 **Tapissez le sol de tapis de gym.**
Couvrez toutes les surfaces planes de matelas de gym, de plusieurs centimètres d'épaisseur, pour amortir les chutes.

On vous aura prévenu

Ne laissez traîner ni les sacs à main, ni les sacs de couches usagées, dont les contenus respectifs peuvent être dangereux ou provoquer l'étouffement. Mettez les sacs de vos invités (si vous en avez encore…) en lieu sûr.

COMMENT FABRIQUER DES JOUETS DE FORTUNE

Donnez un visage aux objets.
Chaussettes, cuillères, coussins, assiettes, n'importe quel objet peut devenir un jouet fascinant dès lors qu'on lui donne des yeux, un nez et une bouche. Si en plus une drôle de voix semble sortir de cette drôle de bouche, le succès est assuré.

Ajoutez un bruit.
Mettez des pièces de monnaie, des haricots secs, des clés ou n'importe quel petit objet dans une tasse en plastique à couvercle, ou dans un récipient hermétique. Secouez, et hop, vous voilà équipé d'un hochet ou d'un instrument de musique. Assurez-vous que le couvercle tient bien, pour éviter tout risque d'ingestion de petits objets.

Faites des paires (à ne pas confondre avec…).
Attachez ensemble deux objets, par exemple des cuillères en bois, des chaussures, avec une petite ficelle. Quand le bébé tire sur le premier, le second suit, s'il en fait tomber un de la table, même résultat. Ce jeu introduit les notions de cause et d'effet, permet au bébé d'affiner sa psychomotricité, et le fait souvent rigoler aux éclats (vous, vous riez moins, parce qu'il faut ramasser…).

Téléphone d'avion

1 **Retirez le combiné de son support, dans le dossier du siège de devant.**

2 **Tendez le combiné à l'enfant.**

3 **Proposez-lui d'appeler quelqu'un.**

4 **Regardez-le faire des numéros et s'engager dans des conversations animées.**
Du moment que vous n'avez pas laissé votre carte de crédit dans l'appareil, vous ne risquez rien.

5 **Raccrochez si vous voyez que le jeu commence à générer une frustration chez votre enfant.**
Ou si vos voisins manifestent un agacement certain, ce qui peut arriver.

Marionnette en sac à vomi

1 **Retirez le sac à vomi de la pochette située dans le dossier du siège devant vous.**
Assurez-vous qu'il est vide.

2 **Dessinez des yeux sur le fond du sac.**

3 **Dépliez légèrement le fond et ajoutez une langue.**
Vous avez la bouche.

4 **Glissez votre main dans le sac.**

5 **Bougez les doigts.**

Serviette de restaurant

1 **Procurez-vous une serviette en papier.**
Demandez à votre serveur de vous en apporter une de plus ou servez-vous sur la table d'à côté.

Plier une serviette en lapinou

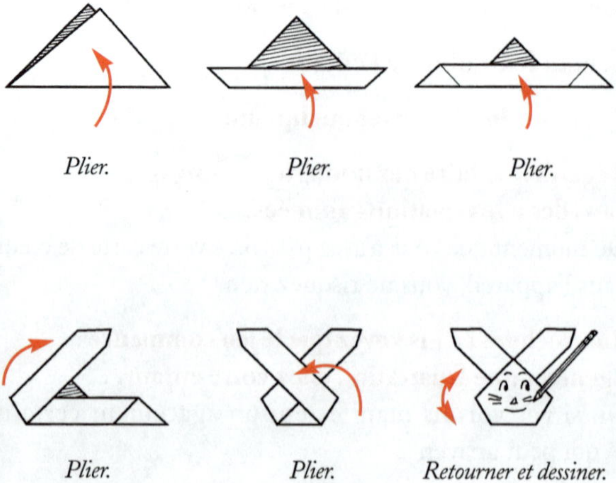

2 **Dépliez-la complètement.**

3 **Pliez-la en triangle.**

4 **Pliez le côté le plus long d'environ 3 cm.**

5 **Pliez le même côté une nouvelle fois, de la même façon.**

6 **Amenez une des pointes du bas vers le haut, en diagonale, pour former une oreille.**

7 **Faites de même avec la seconde pointe du bas.**

8 **Maintenez le tout et retournez la serviette.**

9 **Dessinez une tête de lapinou.**

10 Jouez.

Fixez la tête de lapin sur une cuillère avec du ruban adhésif pour faire une marionnette.

Objets du quotidien

L'utilisation d'un grand nombre d'objets facilement disponibles peut être détournée afin de distraire les jeunes enfants.

- Abaisse-langues : baguettes pour manger, marionnettes.
- Gants en caoutchouc : dindes gonflables.
- Phonographe : manège pour petites poupées et animaux.
- Entonnoir : mégaphone, trompette.
- Banane : téléphone.
- Orange : ballon de foot.
- Flacon à épices : hochet.
- Boîte de mouchoirs en papier vide : maison pour les oiseaux.
- CD : jeu d'anneaux.
- Cuillères en bois et boîtes en plastiques : tambours, défilés de majorettes.

On vous aura prévenu

- Ayez toujours un jouet avec vous, partout – dans la voiture, dans la poussette (où vous pouvez l'attacher), dans le sac de change, dans le sac à dos, pour éviter d'être pris en défaut.
- Achetez le jouet préféré de votre enfant en double. Tôt ou tard, le plus préféré de tous les jouets du monde et de l'univers sera perdu ou cassé. Il faut pouvoir faire face à cette catastrophe thermonucléaire, tout en restant zen.

COMMENT GARDER LE CONTRÔLE D'UNE POUSSETTE DANS DES CONDITIONS EXTRÊMES

NEIGE ET GLACE

1 **Portez des chaussures de montagne.**
Vos semelles doivent être en gomme et sculptées, pour une meilleure prise au sol. Les talons hauts et les semelles de cuir lisses sont à proscrire.

2 **Lestez le véhicule.**
Placez des biberons pleins de blédine, des briques ou des livres au-dessus des roues de la poussette pour assurer une meilleure stabilité et une plus grande adhérence au sol.

3 **Prenez fermement appui sur une jambe.**
Marchez de façon à toujours avoir au moins un pied solidement posé sur le sol. Si vous commencez à glisser, ralentissez.

4 **Maintenez fermement les poignées.**

5 **Évitez les tournants trop raides et les mouvements trop brusques.**

6 **Laissez aller.**
Si la poussette se met à glisser, pliez les genoux et suivez sa trajectoire. Évitez tout mouvement de correction trop brusque qui pourrait rendre la poussette encore plus difficile à contrôler ou vous faire faire un tête à queue.

7 **Ne vous appuyez pas sur la poussette.**
Une poussette ne supportera pas le poids d'un adulte. Vous appuyer dessus pour retrouver l'équilibre risque de faire glisser les roues sur la glace, et là, c'est les quatre fers en l'air assurés pour vous, et peut-être pour la poussette.

8 **N'abandonnez la poussette qu'en situation d'urgence absolue.**
Si vous devez abandonner le navire, marquez l'endroit où vous le laissez, à l'aide de branches cassées. N'oubliez pas de retirer le bébé ainsi que les autres accessoires indispensables avant d'abandonner la poussette.

Sur une pente raide

1 **Évaluez le pourcentage de la pente.**
Ne vous aventurez pas en poussette sur une pente de plus de 30 degrés. Si la pente vous semble très raide ou si vous avez du mal à assurer vos pas, changez d'itinéraire.

2 **Vérifiez le harnais de sécurité.**
Assurez-vous qu'il maintient fermement le bébé, mais ne serrez pas les sangles au point de lui faire mal.

3 **Attachez tout objet susceptible de tomber de la poussette.**
Biberons, livres et jouets placés dans les poches de la poussette ou dans le panier du dessous peuvent tomber dans la descente. Utilisez des couches (propres !) pour caler ces objets, ou ne les emportez pas.

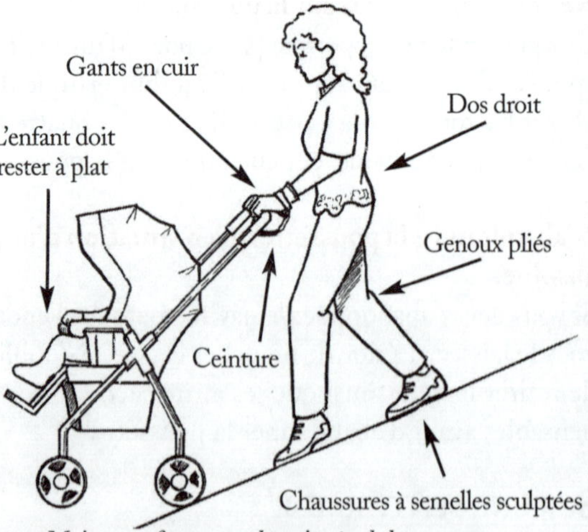

Maintenez fermement les poignées de la poussette avant de commencer à descendre.

4 **Ne lâchez pas prise.**
Tenez fermement les deux poignées de la poussette en toutes circonstances. Si vous avez les mains moites, essuyez-les avec une couche en tissu avant d'aborder la descente. Portez des gants de conduite en cuir, pour une meilleure prise, ne portez pas des moufles de ski, qui glissent.

5 **Levez les roues avant.**
Positionnez la poussette de façon que l'enfant soit toujours droit, et ne se penche pas en avant.

6 **Commencez la descente.**
Avancez lentement, genoux pliés, dos droit. Évitez de vous pencher en avant, vous risqueriez de faire un salto par-dessus la poussette.

7 **Corrigez l'angle d'inclinaison de la poussette et de l'enfant.**

Si l'enfant se penche en avant, appuyez plus fort sur les poignées, vers le bas et dirigez les roues avant vers le ciel.

8 **Faites régulièrement des pauses.**

Si vous fatiguez, tournez la poussette face à la pente et tenez-vous derrière, face à la pente également. Mettez le frein. Gardez les jambes droites pendant que vous vous reposez.

On vous aura prévenu

Pour une sécurité renforcée, retirez votre ceinture et attachez votre poignet à une des poignées de la poussette. Passez la ceinture plusieurs fois autour de votre poignet, puis autour de la poignée et attachez la boucle.

Une poussette ne doit sous aucun prétexte servir…

De caddie

De side-car

De scooter/skateboard

Quand vous courez avec les taureaux dans les rues de Pampelune

COMMENT RÉPARER UNE POUSSETTE EN PANNE

CAPOTE ABÎMÉE

Mettez une pièce.

- **Poussette-canne** — Retirez la partie endommagée. Cousez un morceau de tissu à la place. Pour les capotes en plastique ou vinyle épais, utilisez de l'adhésif surpuissant multifonctions ou du chatterton.
- **Poussette traditionnelle** — Sur les poussettes plus grosses, qui font parfois aussi landau, les capotes sont généralement plus solides et équipées de pinces en plastiques qui se fixent sur les montants tubulaires de la poussette et permettent une plus grande souplesse d'utilisation. Vérifiez ces pinces (en principe, il y en a une de chaque côté de la poussette), assurez-vous qu'elles fonctionnent bien. Si la capote se détache, essayez de la remettre en place. Si une pince est endommagée, attachez la capote à la structure de la poussette à l'aide de ficelle, de laine, d'une ceinture ou d'une bandoulière de sac.

Fabriquez une capote de fortune.

Si la capote doit être réparée, placez une chemise ou un morceau de tissu léger sur la structure de la capote et maintenez-le en place à l'aide de ficelle, de ruban adhésif, d'élastiques ou d'épingles à cheveux. Cela protégera temporairement bébé des intempéries.

On vous aura prévenu

Par mauvais temps, mettez un parapluie ouvert à la place de la capote, pour garder bébé au sec. Faites en sorte qu'il ne puisse pas agripper les baleines, sinon vous pouvez dire adieu à votre parapluie.

SANGLE DU HARNAIS CASSÉE

Réunissez les deux morceaux.

Pour ce faire, utilisez deux petites épingles à nourrice ou une grosse. Sortez bébé de la poussette pendant les réparations.

Nouez les deux morceaux avec un nœud plat.

Si vous avez un peu de mou, nouez les deux parties de la sangle avec un nœud plat. En tenant un morceau dans chaque main, passez celui de gauche par-dessus celui de droite, puis par en-dessous. Le morceau de gauche est alors dans la main droite, et celui de droite, dans la gauche. Passez maintenant le bout de droite par-dessus celui de gauche, puis par en-dessous. Tirez fermement plus une plus grande sécurité.

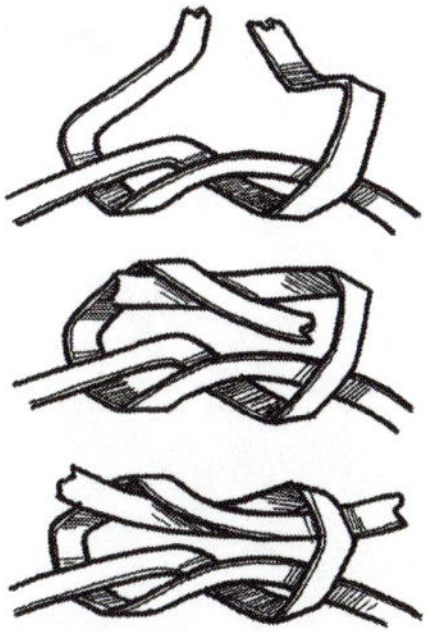

Gauche sur droite, puis par-dessous.

Droite sur gauche, puis par-dessous.

Tirez.

Servez-vous de votre ceinture.
Utilisez une ceinture d'adulte pour attacher l'enfant dans la poussette. Faites-la passer sur les cuisses de l'enfant, puis par-derrière le dossier de la poussette. Attachez-la à l'arrière de la poussette.

FREIN DÉFECTUEUX

Retirez le frein.

- **Frein à pédale ou à barre** — Sur les poussettes standard, on active le frein en appuyant sur une pédale ou sur une barre qui immobilise les roues arrière. Un frein défectueux ne restera plus en position relevée et viendra bloquer les roues à tout bout de champ. Utilisez un élastique, de la ficelle ou des attaches pour sac de congélation, afin d'attacher la pédale ou la barre à la structure de la poussette et l'empêcher de tomber. Serrez bien, de façon qu'il n'y ait pas de jeu.
- **Frein à main** — Les poussettes à trois roues sont parfois équipées d'un frein actionné à la main, comme sur un vélo. Si le câble du frein est cassé, le frein bloquera les roues et les empêchera de tourner. Tirez sur les deux bouts du câble pour les rapprocher, attachez-les comme vous pourrez en tordant les fils entre eux. C'est du temporaire, mais ça devrait tenir jusqu'au prochain passage au paddock.

COMMENT FABRIQUER UN BERCEAU DE FORTUNE

Sur un lit double.

Retirez les coussins, et tout ce qui peut être ôté, et posez-les par terre, tout autour du lit. Ajoutez d'autres coussins, des oreillers, des édredons et des couvertures jusqu'à ce que la pile arrive à au moins 15 cm de la surface du lit. Vous aurez ainsi un terrain d'atterrissage en douceur pour le cas où bébé partirait à l'aventure.

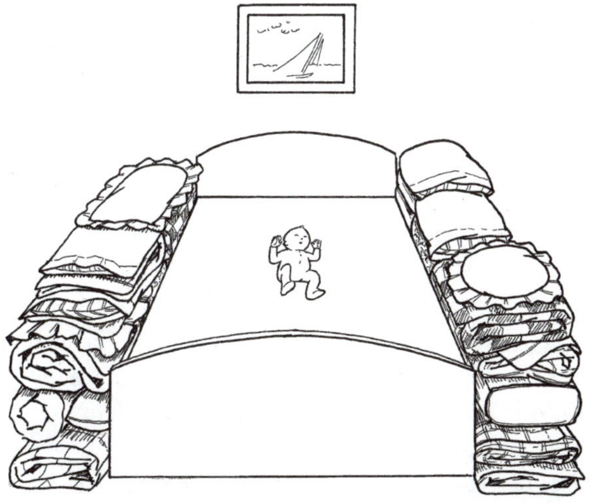

Empilez des couvertures et des coussins jusqu'à 15 cm au moins de la surface du lit, pour permettre un atterrissage en douceur si besoin est.

Boîte de rangement.
Prenez une boîte en plastique destinée à être entreposée sous le lit (donc pas trop haute) et placez-là au centre de la pièce. Ne la placez pas sous votre lit. Capitonnez-la autant que nécessaire.

Tiroir de commode.
Retirez un tiroir de commode de son emplacement habituel, installez-y des draps et une couverture en coton. Posez-le sur le sol.

Panier à linge.
Garnissez-le de couvertures ou d'édredons.

Petit chariot.
Garnissez de couvertures un petit chariot-trotteur. Bloquez les roues ou calez-les avec des livres pour les empêcher de rouler.

On vous aura prévenu

- Dans un berceau traditionnel comme dans un berceau improvisé, les oreillers et autres éléments mobiles peuvent être autant de risques d'étouffement. Petits objets, objets coupants, lourds, appareils électriques, accessoires sportifs ne doivent en aucun cas être placés dans un berceau. Même remarque pour la nourriture, les boissons et les animaux de compagnie.
- Les berceaux de fortune doivent être surveillés en permanence.

À ne mettre dans un berceau sous aucun prétexte

COMMENT GÉRER L'EXCÉDENT DE BAGAGES DE BÉBÉ

1 Portez un pantalon de baroudeur.

Bourrez dans vos poches les accessoires qui supportent ce genre de traitement :

- Couches en tissu
- Bavoirs
- Vêtements de rechange (pour vous et pour bébé)

2 Mettez à bébé un pantalon de baroudeur.

Remplissez ses poches de petits accessoires indispensables :

- Bonnet
- Petit livre en carton épais
- Anneau de dentition

3 Portez un gilet-reporter ou un gilet de chasse.

Remplissez les poches d'accessoires de première nécessité :

- Petit appareil photo
- Couverture de bébé
- Petit jouet
- Manuel « J'élève mon enfant » (en collection poche si possible)
- Désinfectant à base d'alcool (pour les mains)
- Assiette et cuillère
- Matelas pour le change
- Shampoing
- Coupe-ongles

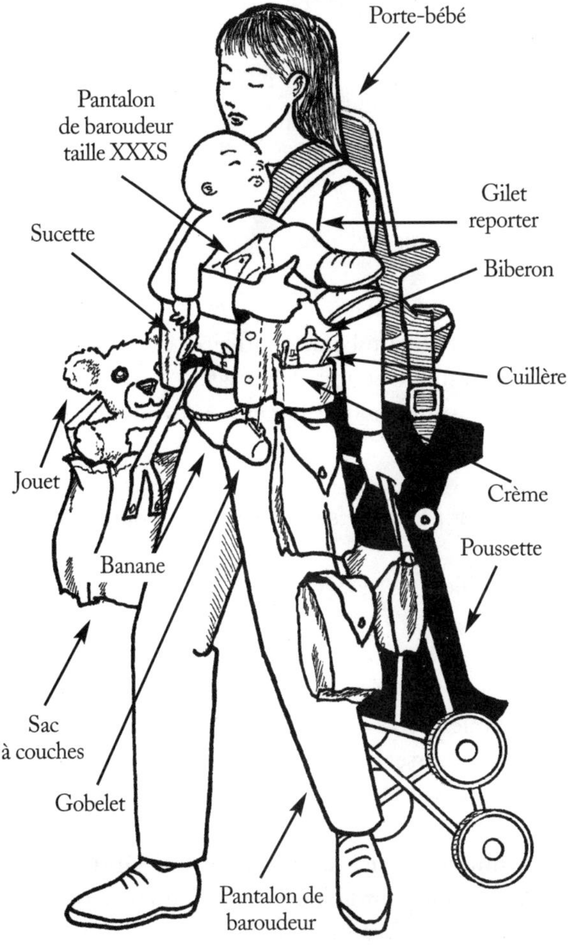

Tâchez de vous souvenir de votre destination, et des raisons de votre déplacement. N'oubliez pas les clés de chez vous.

- Savon
- Médicament antipyrétique
- Baume de dentition
- Crème apaisante
- Sérum physiologique
- Mouche-bébé
- Thermomètre
- Mouchoirs
- Kit anti-piqûres d'abeille
- Pansements
- Crème antibiotique
- Brosse à dents et tube de dentifrice
- Sac en plastique pour couches sales
- Sac en plastique pour vêtements sales ou mouillés

4 Portez une banane.

Mettez-y les accessoires indispensables pour adulte :

- Clés
- Portefeuille
- Aspirine
- Lunettes de soleil
- De quoi vous refaire une beauté
- Téléphone portable
- Liste des courses
- Stylo

5 Portez une ceinture à œillets (type militaire).

Attachez-y une gourde (pour vous) et un biberon ou une tasse à couvercle (pour bébé).

6 Trouvez un endroit où attacher la sucette de bébé.

7 **Portez une besace en bandoulière sur le dos.**
Mettez-y les accessoires suivants :
- Parapluie
- Jouets
- Couches
- Lingettes
- Coton
- Écran total
- Crème pour les fesses
- Jus de fruit
- Boudoirs
- Caméra vidéo

8 **Mettez un porte-bébé dorsal, ou de type hamac.**
Mettez le bébé dans le porte-bébé, et c'est parti. Tâchez de vous souvenir de votre destination et des raisons de votre déplacement. N'oubliez pas les clés de chez vous.

COMMENT FORCER LA SERRURE SI BÉBÉ EST ENFERMÉ DANS LA VOITURE

1 **Restez en contact visuel avec lui.**
Faites-lui croire que vous l'avez fait exprès. Et courez lire « Comment faire pour que bébé ne flippe pas », page suivante.

2 **Essayez la clé d'une voiture de même modèle.**
Demandez à un passant qui conduit la même voiture que vous s'il veut bien essayer d'ouvrir votre portière avec sa clé.

3 **Forcez la portière à l'aide d'un cintre métallique.**
Tordez le cintre de manière à lui donner la forme d'un long J. Le bas du J doit être carré et le carré doit faire environ 5 cm de côté. Glissez le cintre dans la portière, entre la vitre et le caoutchouc anti-pluie. Tâtonnez jusqu'à trouver l'extrémité de la tige du loquet, et quand vous l'avez, tirez pour le débloquer.

4 **Brisez la vitre.**
Mettez des gants, des moufles ou des chaussettes, ou les trois à la fois, pour protéger vos mains. Choisissez la vitre la plus éloignée de votre enfant (une vitre avant, c'est le mieux). À l'aide d'un objet contendant, frappez au centre de la vitre (essayez un gros caillou, un marteau, un pied de biche, un pavé ou même un morceau de trottoir,

vous avez l'embarras du choix). Frappez suffisamment fort pour briser la tension de surface de la vitre. Ne faites pas ça avec vos petits poings, ni avec un objet trop rond, vous n'arriverez à rien (et vous vous ferez très mal).

5. **Demandez de l'aide.**

Les officiers de police et les pompiers ont parfois sur eux des clés ou des outils destinés à ouvrir les portières. Sinon, vous pouvez appeler un serrurier. Un professionnel peut vous débloquer tout ça en moins de trois secondes et sans abîmer votre voiture.

On vous aura prévenu

- Par temps froid, ne laissez pas le moteur avec bébé à l'intérieur de la voiture. De plus en plus de modèles de voitures verrouillent automatiquement les portières quand le contact est mis.
- Les vitres de grandes tailles sont moins chères à remplacer que les panneaux fixes comme les custodes, par exemple.

COMMENT NE PAS FAIRE FLIPPER BÉBÉ

Ayez l'air calme vous-même.

Votre peur ne fera qu'alimenter celle de bébé.

Jouez à « coucou-caché ».

Commencez par la version classique, en cachant votre visage dans vos mains, puis cachez-vous derrière un foulard ou un chapeau, pour finir par vous baisser et réapparaître aux différentes fenêtres.

Faites-vous aider par les passants.
Choisissez ceux qui ont l'air le plus sympa et ceux qui ont des enfants, qui pourront faire des coucou à votre bébé. L'idée est de faire en sorte que bébé soit distrait et content.

Hissez un petit chien devant la vitre.
Tournez-le et montrez à bébé comme il remue bien la queue.

Feuilletez un magazine.
Tournez les pages devant la vitre de bébé pour qu'il ait l'impression que vous lui lisez une histoire.

Sortez votre trousse de maquillage et lâchez-vous.
Mettez-vous du rouge partout, sur les lèvres, les joues et au bout du nez, pour avoir l'air d'un clown. Avec l'eye liner et l'ombre à paupières, faites-vous des grands yeux étonnés et contents (mais si vous comptez aller chercher la police, faites-le avant).

Faites de grands gestes.
Les bébés trouvent toujours très drôle de voir des adultes faire le pitre.

Demandez de l'aide aux passants pour distraire votre bébé.

COMMENT ÉCONOMISER POUR LES ÉTUDES SUPÉRIEURES DE BÉBÉ

Au bas mot, quatre ans d'études à l'université coûteront 52 000 euros en 2020 (tout compris, hein, quand même). Pour une grande école, l'addition montera à 118 000 euros. Vous trouverez ci-après quelques idées de financement des études de votre nouveau-né.

Économisez.
Tel un petit écureuil, mettez de côté 7,10 euros par jour pour l'université, ou 16,20 euros pour une grande école.

Recyclez.
Aux États-Unis, la boîte de soda est consignée 5 cents, c'est rentable ! Après avoir organisé et développé en Europe le système de consigne des boîtes de soda, vous devrez en rapporter 1 040 000 pour des études à l'université, et 2 360 000 pour des études en grande école. Le mieux est peut-être de commencer dès la conception de junior…

Vendez du thé glacé.
À 20 cents le verre, vous devrez vendre 260 000 verres pour l'université, et 590 000 pour une grande école.

Vendez du thé glacé.

Posez comme modèle.

Vendez des gâteaux.
À 1,75 euro la part de far breton, il vous faudra en fabriquer et en vendre 29 715 pour l'université, et 67 429 pour une grande école. (Attention, le coût des ingrédients n'est pas compris dans ce calcul.)

Posez comme modèle.
À 15 euros de l'heure, vous devrez poser nu devant des étudiants des Beaux Arts pendant 3 467 heures (soit environ 5 mois) pour l'université, et 7 867 heures (soit environ 11 mois) pour une grande école.

Faites du baby-sitting.
À 8 euros de l'heure, vous devrez garder des enfants pendant 6 500 heures (soit environ 10 mois) pour l'université, et 14 750 heures (soit environ 21 mois) pour une grande école.

Promenez les chiens des autres.
À 10 euros la promenade de 30 minutes pour un chien, vous devrez promener 5 200 chiens pour l'université, et 11 800 pour une grande école (mais vous serez en super forme).

Gardez des poissons.
À 4 euros la visite pour entretenir l'aquarium, vous devrez vous occuper de 13 000 aquariums pour l'université, et 29 500 pour une grande école.

Tondez le gazon.
Si le tarif est en moyenne de 20 euros la tonte (jardin de taille moyenne), vous devrez tondre 2 600 pelouses pour l'université, et 5 900 pour une grande école.

Ramassez les feuilles.
Si vous gagnez 30 euros pour 1 000 m², il vous faudra ramasser les feuilles sur 173 hectares pour l'université, et 393 hectares pour une grande école.

Faites du toilettage.
À 50 euros pour un chien de grande taille à poils longs (la prestation comprend un traitement anti-puces, une coupe, un nettoyage des dents et des oreilles, un limage des griffes et une inspection des glandes anales), vous devrez toiletter 1 040 molosses pour l'université, et 2 360 pour une grande école.

Devenez barman.
Si vous travaillez dans un bar rapportant en moyenne 45 euros de pourboire par soir, vous devrez travailler 1 156 soirées pour l'université, et 2 622 pour une grande école.

Vendez vos cheveux.
À 20 euros les 100 g, il vous faudra vendre 260 kg de cheveux pour l'université, et 590 kg pour une grande école (donc soignez vos cheveux, ils le valent bien…).

Vendez vos ovules ou votre sperme.
À environ 10 000 euros l'ovule, vous devrez en vendre 5 pour l'université, et 12 pour une grande école. À 40 euros l'échantillon de sperme, vous devrez en produire 1 300 pour l'université, et 2 950 pour une grande école (abonnez-vous à Playboy).

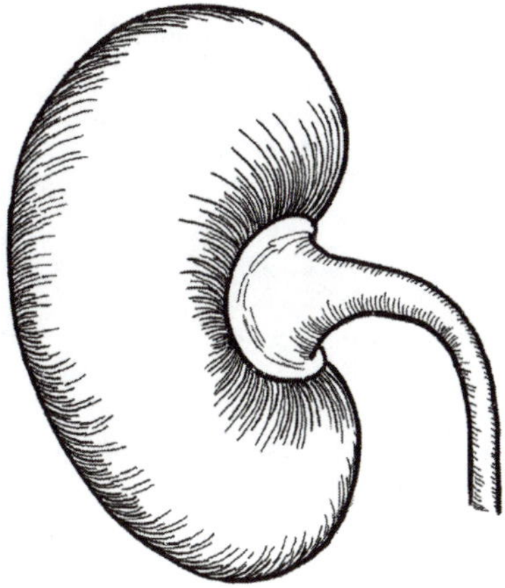

Vendez des organes.

Vendez vos organes.

À 20 000 euros le rein au marché noir, vous devrez convaincre deux autres membres de votre famille proche de donner un rein pour l'université et cinq membres supplémentaires pour une grande école.

On vous aura prévenu

- Tout est calculé avant impôts. Pour payer les impôts, vous devrez en faire chaque fois sensiblement plus que ce qui est mentionné.
- Pensez à réinvestir les revenus générés par les activités mentionnées ci-dessus. Intérêts, dividendes ou plus-values contribueront à l'augmentation de vos gains.

Chapitre 2

De trois à douze ans

COMMENT RETIRER UN CHEWING-GUM PRIS DANS LES CHEVEUX

À L'AIDE DE GLACE

1 **Préparez un sac de glace.**
Mettez plusieurs glaçons dans un sac en plastique ou dans un morceau de tissu fin. Fermez bien.

2 **Posez le sac de glace sur les cheveux.**
Isolez la mèche concernée du reste des cheveux et appliquez la glace sur le chewing-gum pendant 15 à 30 minutes ou jusqu'à ce que le chewing-gum ait gelé. Mettez un gant en caoutchouc ou enveloppez votre main dans un torchon sec si vous avez trop froid aux doigts.

3 **Cassez le chewing-gum.**
Tenez la mèche d'une main, entre le crâne et la partie prise dans le chewing-gum, puis brisez le chewing-gum gelé en petits morceaux.

4 **Retirez le chewing-gum.**
De l'autre main, ôtez délicatement les petits morceaux de chewing-gum. Si la chaleur de votre main fait fondre le chewing-gum, reposez la glace dessus et recommencez. Procédez ainsi jusqu'à ce que la totalité du chewing-gum ait été retirée.

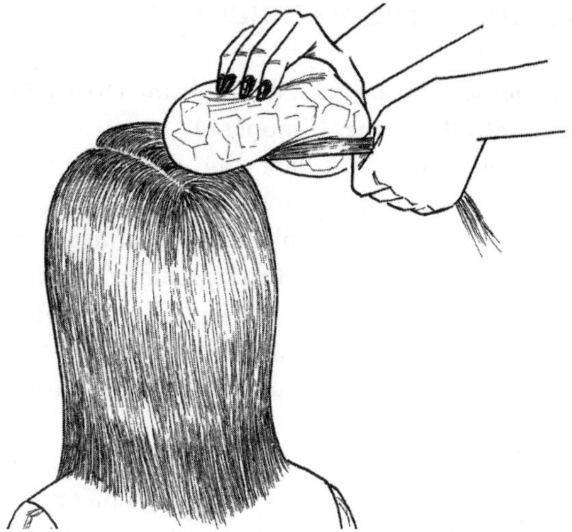

Maintenez la glace sur le chewing-gum jusqu'à ce qu'il gèle.

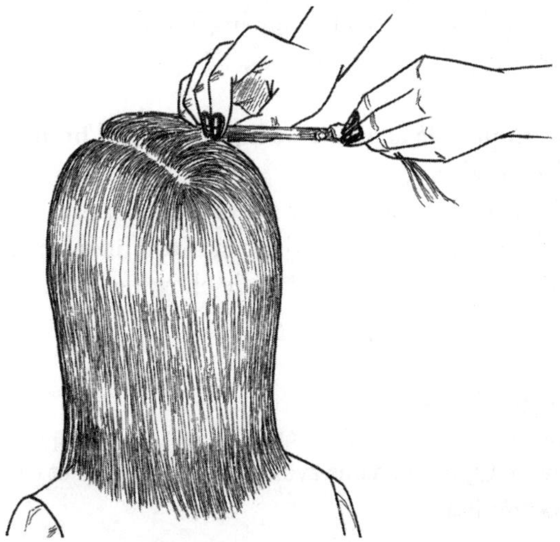

Retirez le chewing-gum.

À L'AIDE DE PRODUITS HUILEUX

1 **Imbibez le chewing-gum d'un solvant à base d'huile essentielle d'agrumes (limonène).**
Les huiles tirées des peaux d'agrumes permettent de diminuer le pouvoir collant du chewing-gum et de le retirer sans difficulté. Appliquez une petite quantité de solvant directement sur le chewing-gum et frottez jusqu'à ce que les cheveux se démêlent sans difficulté. Suivez les instructions du fabricant du solvant et portez des gants en caoutchouc. Arrêtez-vous si les cheveux tombent.

2 **Décollez le chewing-gum à l'aide de beurre de cacahuètes.**
Si vous ne trouvez pas de solvant, les huiles naturelles présentes dans le beurre de cacahuètes peuvent décoller le chewing-gum. Incorporez une cuillère à café de beurre de cacahuètes dans le chewing-gum jusqu'à ce que les cheveux puissent être libérés.

3 **Appliquez de la paraffine liquide ou de l'huile alimentaire.**
Si le beurre de cacahuètes ne produit pas l'effet escompté, incorporez une toute petite quantité d'huile de paraffine ou d'huile alimentaire dans le chewing-gum afin de le détacher des cheveux.

4 **Lavez et rincez.**
Lavez-vous les cheveux et les mains au shampoing et au savon. Quoi que vous ayez utilisé, c'est gras et ça ne sent pas très bon.

COMMENT RETIRER UN MORCEAU DE PAPIER BOURRÉ DANS LE NEZ DE VOTRE ENFANT

1 **Tirez doucement sur le papier qui dépasse.**
Tenez fermement le papier entre le pouce et l'index. Tirez fermement vers le bas, sans à-coups, jusqu'à ce que la totalité du bouchon soit sorti. Attention à ne pas le déchirer en route. Si le bouchon refuse de sortir ou si rien ne dépasse, passez à l'étape suivante.

2 **Stérilisez une pince à épiler.**
Frottez-la avec de l'alcool à 90°.

3 **Renversez la tête de l'enfant pour bien voir ses narines et ce qu'elles contiennent.**
Pour une meilleure visibilité, utilisez une lampe de poche ou une petite lampe de bureau. Maintenez bien la tête de l'enfant.

4 **Introduisez la pince à épiler dans le nez.**
Faites en sorte que les deux extrémités de la pince se placent de part et d'autre de la boule de papier. Assurez-vous d'avoir une bonne prise avant de commencer à tirer, sinon vous risquez de déchirer le papier, ce qui ne ferait que prolonger l'opération. Ne poussez pas la boule de papier plus loin dans la narine.

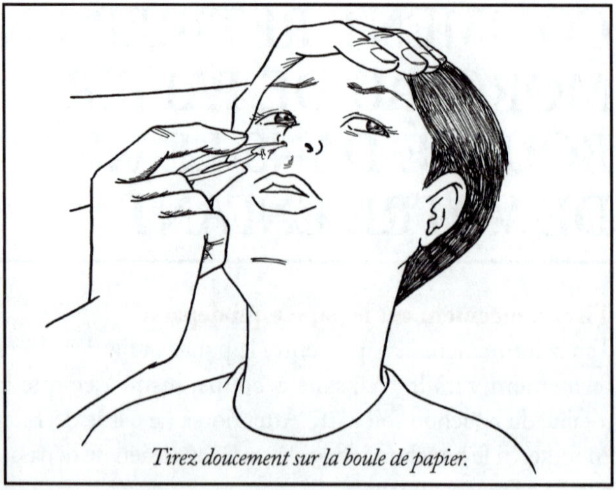

Tirez doucement sur la boule de papier.

5 **Tirez sans à-coups.**
Ne tirez pas d'un grand coup. Ayez un mouchoir propre en tissu ou en papier à portée de main pour éponger toute fuite éventuelle de liquide.

6 **Jetez la boule de papier.**
Lavez-vous bien les mains.

COMMENT RETIRER UN PETIT POIS, UNE BILLE OU TOUT AUTRE OBJET SOLIDE

1 **Placez votre bouche sur la bouche de l'enfant.**
La position est la même que pour un bouche-à-bouche traditionnel.

2 **Obstruez la narine vide en appuyant dessus avec un doigt.**

3 **Soufflez.**
Soufflez un bon coup, pas trop long mais puissant, dans la bouche de l'enfant. L'objet coincé devrait jaillir de la narine.

COMMENT DÉFAIRE UN LACET TROP SERRÉ

1 **Tirez délicatement une extrémité du lacet.**
Ce qui peut à première vue ressembler à un sac de nœuds n'est parfois qu'une succession de boucles enchevêtrées par l'électricité statique. Tirez une extrémité du lacet, sans forcer. S'il n'y a pas de nœud, l'enchevêtrement se défera automatiquement.

2 **Dénouez en commençant par le centre.**
Si le lacet est vraiment noué, commencez par défaire le centre du nœud.

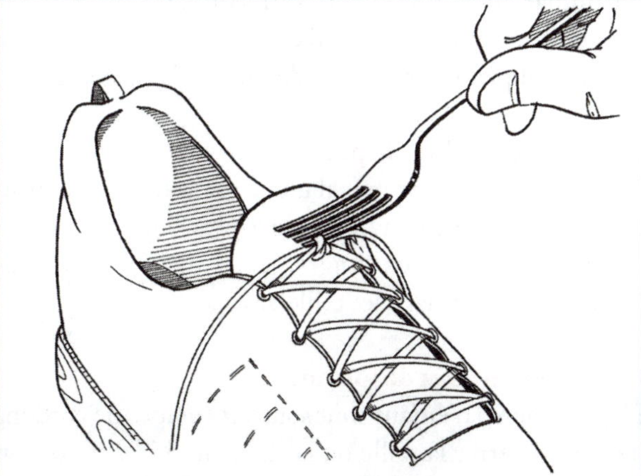

Glissez la pointe d'une fourchette dans le nœud et tirez pour créer une boucle.

3 **Allez-y doucement, soyez patient.**

4 **Ne tirez pas.**
Tirer comme un malade sur l'extrémité du lacet ne fera qu'empirer les choses. Soyez patient. Maîtrisez-vous.

5 **Insérez une pointe de fourchette au centre du nœud.**
Les nœuds les plus récalcitrants sont parfois si serrés que des doigts d'adultes sont trop gros pour faire quoi que ce soit. Si c'est le cas, glissez la pointe d'une fourchette dans le nœud et tirez jusqu'à ce qu'une boucle se forme et permette de desserrer une partie du nœud, puis recommencez avec une autre partie du nœud.

COMMENT RÉPARER UN LACET CASSÉ

Nouez les deux bouts.
La plupart des lacets sont suffisamment longs pour permettre, quand ils cassent, d'en renouer les brins, à l'aide d'un nœud plat (voir schéma du nœud plat page 55).

Servez-vous du brin le plus long.
Si le lacet casse assez près d'une extrémité, jetez le brin le plus court et relacez avec le brin le plus long. Humidifiez puis roulez entre vos doigts l'extrémité cassée, pour pouvoir la glisser dans les œillets.

Fabriquez un lacet de fortune.
Les vêtements d'enfant sont souvent équipés de cordons destinés à serrer la taille ou la capuche. Tirez le cordon que vous trouverez (il faudra peut-être défaire le nœud qui l'empêche de « filer »). Et passez-le dans les œillets de la chaussure.

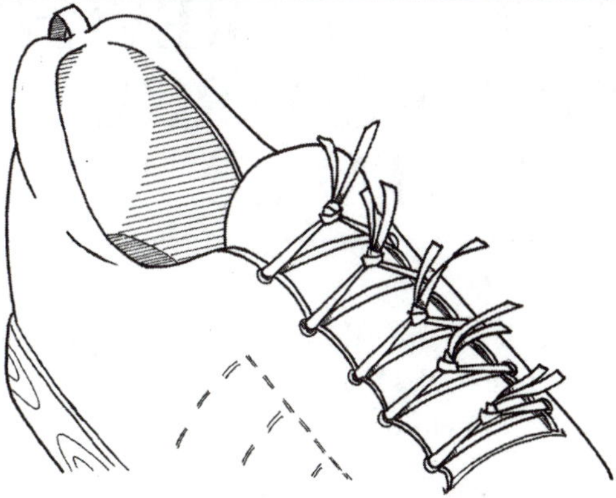

Passez une attache pour sac de congélation entre deux œillets parallèles et tordez pour fermer.

Utilisez des liens de fermeture pour sac de congélation. Ces liens sont relativement résistants et maintiendront temporairement la chaussure fermée. Glissez un lien entre deux œillets parallèles, de part et d'autre de la languette de la chaussure, et tordez-en les extrémités pour fermer. Procédez de la même manière jusqu'à ce que la chaussure tienne bien au pied.

On vous aura prévenu

- Les lacets en nylon glissent mieux que les lacets en ficelle ou en coton. Envisagez de remplacer tous les lacets de votre enfant par des lacets en nylon.
- Les chaussures sans lacets, à Velcro, ou les chaussures à lacets qu'on ne lace pas suppriment le problème des nœuds.

COMMENT PRÉVENIR UNE SURCHARGE DE CARTABLE

1 **Videz le cartable.**
Retirez-en les paires de chaussures de jogging, les bouteilles de soda, les CD (s'il y en a plus de cinq), ainsi que tous les jeux électroniques.

2 **N'y mettez que les livres nécessaires.**
Il n'est pas indispensable que tous les manuels fassent le voyage entre la maison et l'école tous les jours.

3 **Achetez les manuels scolaires en double.**
Ayez une série de manuels (en particulier les plus lourds) à la maison en permanence, de manière à ne pas avoir à les transporter. Vous pouvez aussi photocopier tout le manuel en début d'année et apprendre à votre enfant à ne rapporter à la maison que les pages nécessaires pour faire les devoirs du jour.

4 **Embauchez un sherpa.**
Trouvez un enfant dans le quartier, plus grand, ou même une équipe de gamins, et payez-les pour porter le cartable de votre petit chéri.

5 **Équipez votre chien de sacoches.**
Les boutiques spécialisées dans le cyclisme proposent en général une assez grande variété de sacoches, qui peuvent être attachées autour du torse de votre chien. Attention, si Médor est court sur pattes, ça n'ira pas. Par ailleurs, ne chargez pas trop la pauvre bête non plus.

Ne mettez dans le cartable que les manuels nécessaires.

6 Envoyez les bouquins par coursier.

Si votre enfant arrive à finir ses devoirs avant 20h tous les soirs, vous devriez pouvoir envoyer ses manuels à l'école par coursier. Précisez bien que le paquet doit être livré à la première heure le lendemain matin, afin que votre enfant ait tout ce qu'il lui faut pour son premier cours.

On vous aura prévenu

- Un cartable à dos ne doit jamais descendre à plus de 12 cm au-dessous de la taille et ne doit pas être plus large que les épaules de celui qui le porte.
- Les symptômes d'un cartable trop lourd sont, entre autres : douleurs ou fourmis dans les bras, les épaules et dans le bas du dos, douleurs dans la mâchoire et dans le cou, maux de tête. Si votre enfant se plaint d'un de ces symptômes, demandez un avis médical.

COMMENT FAIRE OBÉIR UN AMI IMAGINAIRE

1 **Définissez clairement les responsabilités de chacun.**
Expliquez à votre enfant et à son ami imaginaire que lorsqu'ils jouent ensemble, ils doivent se tenir correctement et sont responsables des vases qui pourraient être cassés, des bonbons qui pourraient être chipés et, d'une manière générale, du bazar qui pourrait être répandu dans la maison.

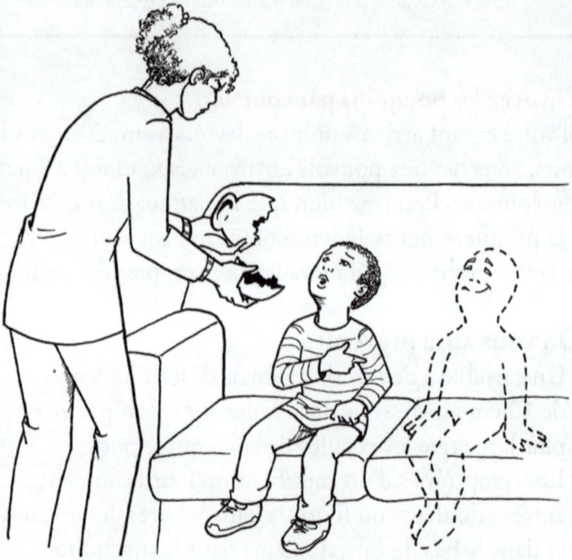

Expliquez à votre enfant que son ami imaginaire et lui auront tous les deux des ennuis s'ils se comportent mal.

2 **Donnez des punitions collectives.**

Dites à votre enfant que lui et son ami imaginaire devront faire la vaisselle ou sortir les poubelles « ensemble ».

3 **Demandez à votre enfant de trouver un moyen de faire obéir son ami imaginaire.**

Expliquez-lui que vous avez besoin de son aide pour faire comprendre les règles à son ami imaginaire.

4 **Trouvez des activités qui éviteront à l'ami imaginaire de faire des bêtises.**

Si l'ami imaginaire fait sans arrêt des bêtises, inscrivez-le à un cours de musique imaginaire, envoyez-le en colonie imaginaire ou en pension imaginaire, histoire de l'occuper.

On vous aura prévenu

- N'inventez pas un ami imaginaire à votre enfant sous prétexte d'encourager son imagination.
- Respectez l'imagination de votre enfant, et par conséquent, son ami imaginaire.
- Si vous vous rendez chez quelqu'un, votre patron, par exemple, qui risque d'avoir un peu de mal à comprendre la notion d'ami imaginaire, dites à votre enfant que son ami devra attendre dans la voiture, ou que vous avez demandé à une baby-sitter de le garder à la maison pendant son absence.

COMMENT REMETTRE SA TÊTE À UNE POUPÉE

POUPÉE EN TISSU

1 Regarnissez la tête et le torse.
Si la zone du cou est composée pour l'essentiel de tissu et/ou de bourrage, utilisez de la ouatine polyester (dans les magasins de loisirs créatifs et de tissus) pour remplacer le bourrage perdu. Si vous n'avez pas de ouatine, bourrez la tête et le cou de collants usagés.

2 Le tissu de la tête et celui du cou doivent se superposer légèrement.

3 Cousez la tête au cou.
Utilisez du fil standard, dont la couleur est proche de celle de la poupée. Cousez tout autour du cou. Laissez une petite ouverture.

Rembourrez la tête et le torse avant de recoudre la tête.

4 **Vérifiez la position de la tête.**
Si la tête penche d'un côté ou de l'autre, bourrez un peu plus de ouatine pour rectifier la position.

5 **Terminez la couture.**
Une seule couture devrait suffire pour maintenir la tête en place. Faites un nœud et coupez le fil.

6 **Cachez la couture avec un accessoire.**
Si la couture n'est pas très esthétique, nouez un ruban de couleur ou un mouchoir autour du cou de la poupée afin de dissimuler la cicatrice.

POUPÉE EN PLASTIQUE

1 **Vérifiez si les autres membres sont emboîtés.**
La plupart des poupées en plastique ont les membres qui s'emboîtent, et la tête aussi. En général, c'est la tête qui s'emboîte sur le torse.

2 **Chauffez.**
La chaleur rendra le plastique plus mou et permettra de le ré-emboîter plus facilement. Utilisez un briquet ou un sèche-cheveux en position très chaud pour chauffer la zone de la tête qui doit s'emboîter sur le torse. Chauffez pendant deux minutes. Vous pouvez aussi faire bouillir de l'eau dans une casserole, retirer la casserole du feu, attendre une minute puis immerger la partie à emboîter pendant deux minutes. Ne chauffez pas les cheveux, les cils ou les sourcils.

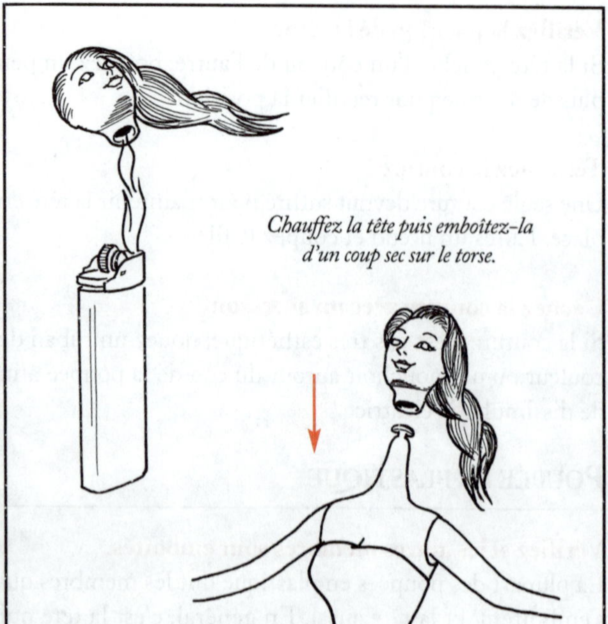

3 Emboîtez la tête sur le torse.

Procédez rapidement, en appuyant fermement. Au besoin, utilisez un tournevis pour faciliter l'emboîtement. La tête devrait se remettre en place sans difficulté.

4 Laissez refroidir.

Laissez refroidir le plastique plusieurs minutes avant de rendre la poupée à votre enfant.

Poupon à tête en vinyle et corps en tissu

1 **Trouvez le lacet de cou.**

La tête du poupon est maintenue en place par un lacet qui fait le tour du cou, en haut du torse de la poupée. Il doit être visible à l'endroit où il sort de la gouttière dans laquelle il est glissé (en général, à l'arrière du cou).

2 **Défaites le lacet.**

3 **Remettez la tête en place.**

Insérez la tête dans le torse. Il est possible que vous ayez besoin de deux mains supplémentaires pour tenir la poupée pendant que vous préparez le lacet.

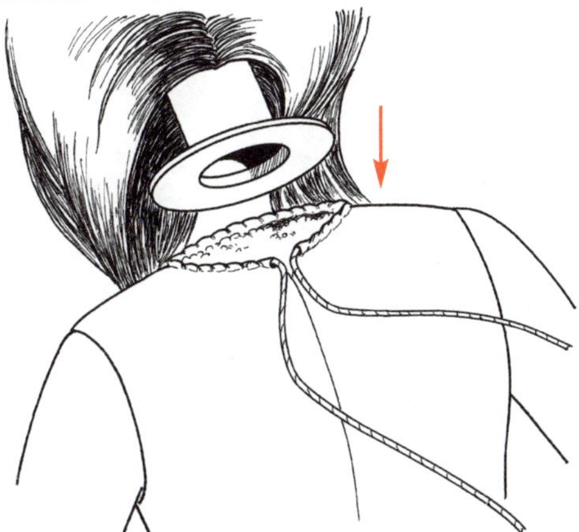

Insérez le cou dans le torse. Tirez fermement sur le lacet et faites un nœud pour le maintenir en place.

4 **Tirez sur le lacet.**

Prenez les deux extrémités du lacet et tirez fermement, jusqu'à ce que vous sentiez qu'il se resserre autour du cou et maintient la tête en place.

5 **Renouez le lacet.**

Nouez le lacet en faisant un nœud plat (voir schéma page 55) pour l'empêcher de se desserrer une nouvelle fois. Faites un nœud à boucles pour raccourcir le lacet. Puis un double nœud pour plus de sécurité.

COMMENT RÉPARER UNE ROUE DE CHARIOT

1 **Examinez la roue.**

La roue est généralement maintenue en place sur l'essieu par deux goupilles, une de chaque côté du moyeu, qui est le centre de la roue. Si la goupille extérieure casse, la roue peut se décrocher ou s'abîmer. La plupart des problèmes de roues sur les chariots d'enfants ont lieu au niveau du moyeu, qui supporte le poids du chariot et de sa charge.

2 **Localisez le manchon de la roue.**

Le centre du moyeu abrite un cylindre en plastique ou en métal assez fin, de 1,5 à 2, 5 cm de diamètre, qui tourne autour de l'essieu. Vérifiez l'état de ce cylindre, qui peut être fendu ou même avoir disparu.

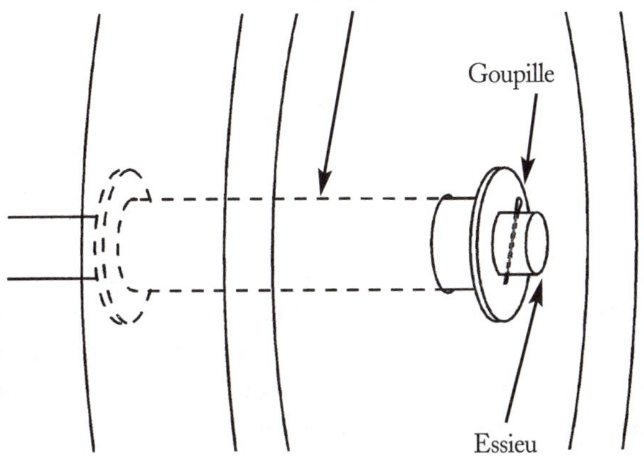

Vérifiez si le manchon est cassé ou absent.

3 **Retirez le manchon.**

S'il est toujours en place, retirez-le à l'aide de pinces. S'il est cassé, retirez-en tous les morceaux.

4 **Fabriquez un nouveau manchon.**

Coupez un morceau de tube en plastique (un morceau de tuyau d'arrosage ou de tuyau de plomberie fera très bien l'affaire) pouvant être glissé dans le moyeu de la roue. (Si le manchon est en métal, utilisez une scie à métaux pour couper un morceau de tuyau métallique.) Le nouveau manchon doit s'adapter parfaitement au moyeu, mais être un tout petit peu plus grand en diamètre que l'essieu pour permettre à la roue de tourner librement. Si nécessaire, insérez le nouveau manchon dans son logement à l'aide de pinces ou d'un maillet en caoutchouc.

5 **Remettez la roue en place.**

6 **Faites tourner la roue.**

La roue doit tourner librement sur son axe, sans onduler. Si elle ondule, c'est que le manchon est trop large par rapport au moyeu de la roue et doit être remplacé.

7 **Insérez un boulon ou une goupille dans l'essieu.**

Réparez ou remplacez les goupilles si c'est nécessaire. Si les goupilles sont endommagées et ne peuvent pas être réutilisées, glissez de petits clous dans les trous prévus à cet effet. Recourbez-en la pointe à l'aide de pinces pour les maintenir en place. Assurez-vous que les clous tiennent bien en place pour éviter que la roue patine.

Comment réparer un pneu de bicyclette sans rustine

1 **Désactivez le frein.**
Serrez le frein, puis retirez le câble à l'endroit où il se connecte avec le patin, tout près de la jante.

2 **Retirez la roue.**
Ouvrez le levier de dépose rapide ou desserrez les boulons du moyeu à l'aide d'une clé anglaise. Retirez la roue.

3 **Décollez le talon du pneu sur le pourtour de la jante.**
Insérez le bout d'un tournevis, une clé ou tout autre outil métallique sous le talon du pneu (le bord du pneu qui est en contact avec la jante) et faites levier. Procédez de la même façon à différents endroits autour du pneu, jusqu'à ce que ce côté-ci du pneu sorte de la gorge de la jante.

4 **Retirez la chambre à air.**
Sortez la chambre à air du pneu.

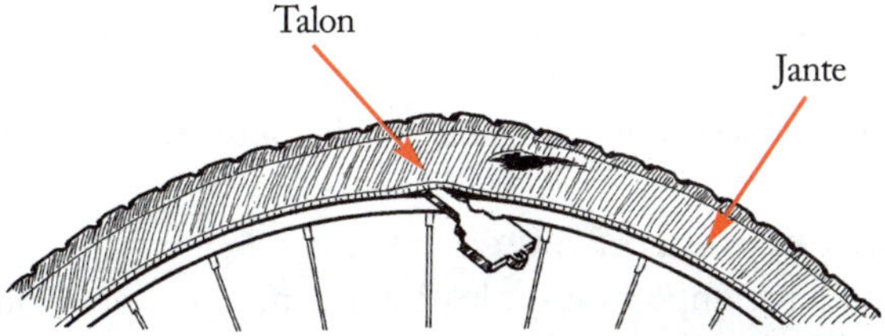

Glissez une clé ou un outil métallique sous le talon du pneu pour le faire sortir de la jante.

5 **Fabriquez une rustine de fortune.**
Pliez plusieurs petites coupures en carré ou en rectangle, selon la taille de l'accroc (et le contenu de votre porte-feuille). Empilez les billets pliés et glissez le tout dans le pneu. Recouvrez complètement l'accroc. Si vous n'avez pas de liquide sur vous, utilisez l'emballage en aluminium d'une barre de céréales ou de chocolat.

6 **Bourrez tout le pneu d'herbe ou de feuilles.**
Prenez soin de ne pas faire glisser la rustine.

7 **Remettez le talon du pneu dans la gorge de la jante.**
Avec les mains, repoussez le talon du pneu dans la gorge de la jante. Une clé ou un tournevis peut être nécessaire pour remettre en place les derniers centimètres du pneu. Tout en remettant le pneu en place, bourrez un peu plus d'herbe ou de feuilles pour que le pneu soit assez ferme et permette de rouler. Une fois le pneu en place, assurez-vous que le talon est en bonne position de l'autre côté de la roue.

8 **Remontez la roue.**
Remettez la roue en place en refermant le levier ou en resserrant les boulons qui la maintiennent en place.

9 **Rentrez chez vous sans vous prendre pour Eddy Merckx.**

On vous aura prévenu

Un accroc important sur le côté du pneu peut provoquer une hernie de la chambre à air encore gonflée. Rouler dans ces conditions peut endommager gravement votre destrier.

COMMENT RETIRER UNE MAIN COINCÉE DANS UN POT

1 **Graissez généreusement.**
Versez de l'huile alimentaire, tartinez du beurre, de la margarine, de la mayonnaise, du saindoux, tout ce que vous trouverez de plus gras, sur la partie de la main qui est restée accessible.

2 **Essayez de faire glisser la main.**
Tirez doucement, sans à-coups. Placez le pot sous votre bras ou demandez à un tiers de le tenir pendant que vous tirez.

3 **Plongez la main et le pot dans l'eau glacée.**
La combinaison de la graisse et du froid, qui empêche le gonflement, peut aider à libérer la main.

4 **Essayez de faire glisser la main.**

5 **Si elle ne sort toujours pas, surélevez la main.**
Surélevez la main (et le pot) au-dessus du niveau du cœur de l'enfant pendant cinq minutes, pour faire diminuer le gonflement.

6 **Essayez de faire glisser la main.**

7 **Empêchez que le vide se fasse.**
Glissez une paille, un couvert ou un tube en plastique entre la main et le bord du pot. Ne glissez pas un couteau aiguisé.

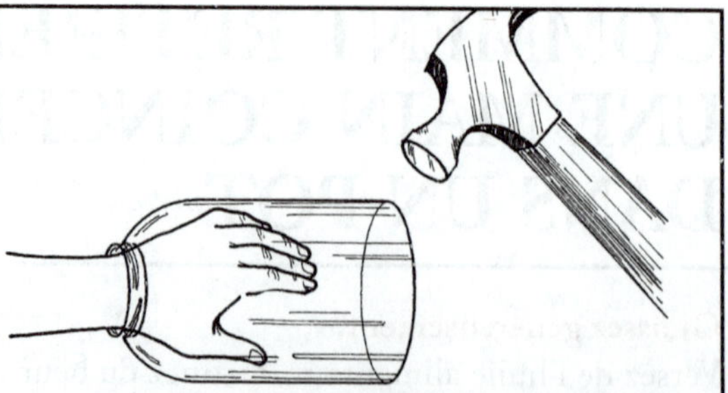

Tapez délicatement sur le pot avec un marteau.

8 Essayez de faire glisser la main.

9 Brisez le pot.

Si rien ne marche, cassez le pot à l'aide d'un marteau. Dites à l'enfant de fermer son poing et de le mettre le plus loin possible du marteau.

10 Nettoyez les bris de verre.

Dites à l'enfant de ne pas bouger la main tant que vous n'avez pas terminé et que sa main est passée sous l'eau pour la débarrasser de tout éclat de verre.

Comment sortir un pied d'un terrain boueux

1 Dites à l'enfant de ne pas se débattre et de ne pas trop bouger.

Calmez-le et expliquez-lui qu'il ne va pas être englouti par cette horreur.

2 Demandez-lui de se débarrasser des objets lourds.

Sacs à dos chargés, poches pleines de cailloux, etc… tout cela ne ferait que l'entraîner un peu plus profond.

3 **Stabilisez le sol autour du trou et de l'enfant.**
Placez des planches, des panneaux, des branchages autour de l'enfant de manière à pouvoir vous en approcher. Utilisez un bâton de marche ou une branche pour tester la stabilité du sol au fur et à mesure de votre progression.

4 **Attrapez l'enfant et tirez-le sans à-coups.**
Approchez-vous de l'enfant par-derrière et glissez vos bras sous ses bras pour les refermer autour de son torse. Tirez-le en arrière. Si vous n'arrivez pas à le prendre par le torse, prenez-le par les mains, les pieds ou tout ce que vous pourrez attraper.

Comment récupérer un enfant coincé dans un arbre

1 **Demandez-lui l'itinéraire.**
L'enfant doit vous expliquer pas à pas comment il en est arrivé là. D'une part, cela lui fera penser à autre chose et le calmera, d'autre part, cela vous donnera une idée de comment le faire descendre.

2 **Dirigez la descente.**
Depuis le sol, dites-lui où placer ses mains et ses pieds à chaque étape de la descente. Expliquez-lui que s'il a été capable de monter, il n'y a pas de raison qu'il n'arrive pas à descendre.

3 **Montrez-lui comment faire.**
Choisissez des branches assez grosses et montrez-lui comment poser le pied le plus près possible du tronc.

Posez le pied le plus près du tronc possible.

Demandez de l'aide.

4 **Montez le chercher.**

Accrochez-vous à la naissance d'une branche et utilisez vos jambes, pas vos bras, pour vous hisser dans l'arbre. Faites en sorte qu'à tout moment, au moins trois de vos membres soient en contact avec l'arbre. Une fois que vous avez rejoint votre enfant, prenez-lui la main et parlez-lui doucement pour le calmer.

5 **Peu à peu, persuadez-le de redescendre.**

À la descente, ce sont vos bras qui doivent supporter votre poids. Pour une meilleure prise, ayez vos paumes face à vous quand vous agrippez une branche. Ne portez pas votre enfant pour descendre.

6 **Demandez de l'aide.**

Si vous vous retrouvez coincés tous les deux, criez pour attirer l'attention d'un passant. Si vous avez votre portable, appelez les pompiers.

On vous aura prévenu

N'autorisez pas l'enfant à sauter de l'arbre et n'essayez pas de l'attraper s'il saute. Un enfant de 25 kg sautant d'une hauteur de trois mètres arrive dans vos bras avec une force de 150 kg, ce qui est largement suffisant pour vous blesser tous les deux au moment de l'impact.

COMMENT SE DÉBARRASSER DES MONSTRES CACHÉS DANS LA CHAMBRE

1 **Allumez la lumière.**
Montrez à votre enfant qu'il n'y a pas de monstres dans la chambre.

2 **Expliquez que vous allez faire en sorte qu'il n'y ait plus jamais de monstres dans les parages.**

3 **Pulvérisez les coins à monstres avec de l'eau.**
Les monstres ont peur de l'eau, c'est bien connu. Remplissez d'eau un vaporisateur et vaporisez légèrement dans les coins qui posent le plus de problèmes, sous le lit, derrière la porte et dans le placard, entre autres.

4 **Placez des sentinelles devant les placards et les fenêtres.**
Les monstres se méfient terriblement des peluches sympas, des poupons, des clowns et des marionnettes. Demandez à un bataillon de jouets gentils de monter la garde dans tous les coins sensibles.

5 **Utilisez le vert.**
Beaucoup de monstres ont peur du vert. Utilisez une veilleuse diffusant une lumière verte ou suggérez à votre enfant de porter un pyjama vert. Un pansement, un tatouage non-permanent, du vernis à ongles ou un autocollant avec du vert feront également l'affaire.

On vous aura prévenu

Si vous débusquez un monstre, tuez-le par la douceur. Les bisous sont particulièrement mortels, tout comme les compliments.

COMMENT CONVAINCRE VOTRE ENFANT DE S'HABILLER

Proposez une alternative réaliste.
Donnez à votre enfant deux possibilités entre lesquelles choisir, de manière qu'il ait le sentiment de prendre lui-même la décision. Proposez « Tu préfères cette chemise ou celle-ci ? » et tout de suite après « Tu préfères ce pantalon ou celui-ci ? ». Ne proposez pas trop de solutions et acceptez d'emblée celle qu'il choisira (même si vert et rose, vous trouvez ça vraiment moche ensemble).

Présentez-lui ses vêtements comme un cadeau.
Emballez les vêtements choisis dans une boîte, enveloppée dans un beau papier-cadeau, avec un joli ruban. Déposez le « cadeau » au pied du lit de votre enfant, pour que lorsqu'il se lève le matin, il découvre ses vêtements et s'habille avec enthousiasme (on peut rêver). Attention, votre enfant peut aussi être très déçu de ne pas trouver un « vrai » cadeau et vous bousiller votre journée en étant d'une humeur de chien.

Jouez à « On dirait que… ».
- « On dirait que tu es le chef des pompiers et qu'il y a un feu et que tu dois t'habiller très très vite pour aller l'éteindre. N'oublie pas de mettre la sirène. »
- « On dirait que tu as été choisie comme top-model et que tu dois faire un défilé de mode. » Une fois habillée, votre fille peut aller et venir dans la chambre à la manière d'un vrai mannequin. Prenez des photos.

Faites la course.
Habillez-vous en même temps que votre enfant et faites la course. Laissez-le gagner, évidemment. Une fois qu'il a compris le concept du speed-dressing (de « to dress » : s'habiller), encouragez-le chaque jour à essayer de battre son propre record.

Distrayez-le.
Faites-lui penser à autre chose en le chatouillant, en lui donnant des framboises ou en lui chantant des chansons. Demandez-lui de vous chanter une chanson ou de réciter l'alphabet.

Chauffez ses vêtements.
Dans le sèche-linge ou sur le radiateur, chauffez les vêtements que vous avez choisis et encouragez votre enfant à s'habiller vite avant qu'ils ne refroidissent.

Laissez partir votre enfant en pyjama.
Une fois à l'école, face à ses camarades hilares, il comprendra très vite que les vêtements, c'est mieux.

On vous aura prévenu

- Tant que les chaussures ne sont pas mises, vous ne pouvez pas considérer qu'il est habillé. Insistez pour qu'il les mette dans la foulée, sinon, c'est re-belote et re-crise au moment de partir, et là, vous n'avez vraiment plus le temps.
- Le chantage (habille-toi et je te donnerai un euro, je te laisserai regarder la télé plus longtemps, je te porterai jusqu'à la cuisine, tu auras du rab de dessert, etc…) est malvenu et crée un dangereux précédent. Il reste néanmoins extrêmement efficace, en tout dernier recours (cf. « Comment faire du chantage à votre enfant », page 108).

COMMENT GÉRER UN PETIT MALIN

1 **Ignorez-le.**

Les enfants faciles tenteront une ou deux fois de jouer les petits malins et renonceront s'ils n'obtiennent aucune réaction.

2 **Prévenez-le des conséquences possibles de son comportement.**

Si votre enfant continue à être insolent, soulignez en quoi son attitude est inacceptable. Agitez un foulard jaune (que vous aurez au préalable placé dans votre poche de jean), à la manière d'un arbitre de foot qui brandit un carton jaune, chaque fois que votre enfant se conduit de façon insupportable. S'il persiste, expulsez-le du terrain.

3 **Abolissez ses privilèges.**

Supprimez ou réduisez la télé, la DS, la WII, la PS3, l'iPod, les sorties, en fonction de la gravité des faits et de leur fréquence. Motivez clairement votre sanction. Placez les jouets ou les jeux vidéos préférés dans une « prison pour jouets » et déclarez qu'ils pourront bénéficier de la liberté conditionnelle en fonction de l'attitude de l'enfant.

4 **N'entrez pas dans son jeu.**

Face à un comportement agressif, il est toujours tentant de répondre sur le même registre. Au jeu du plus fin, il est probable que vous remportiez la première manche, mais vous courez le risque d'inciter votre enfant à faire encore mieux la prochaine fois, et là, vous pouvez être sûr qu'il se surpassera.

5 **Encouragez votre comédien en herbe.**
Tentez de faire de l'impertinence de votre enfant une qualité monnayable. Visionnez des films, écoutez des enregistrements de comédiens connus pour leur impertinence et faites-lui travailler un petit sketch dans ce registre. Attention à ne pas le laisser devenir grossier, c'est une dérive possible. De même, si le sketch a du succès, vous courez le risque de ne plus pouvoir obtenir quoi que ce soit de votre enfant.

On vous aura prévenu

Le comportement d'un enfant, sa façon de parler, est en grande partie calquée sur ce qu'il voit et entend à la maison. Ne dites jamais devant un enfant ce que vous n'aimeriez pas l'entendre répéter. Oubliez le sarcasme, les yeux au ciel, les imitations (de lui) ridicules, l'ironie, et répondez-lui avec vos propres mots.

COMMENT FAIRE MANGER DES LÉGUMES À VOTRE ENFANT

Mangez-en vous-même.
Soyez enthousiaste devant un plat de légumes verts. « Les haricots, c'est top ! », « Vive les petits pois ! » ou « Les rutabagas, ça swingue trop ! »

Employez des euphémismes.
Encouragez votre enfant à se lancer en appelant le légume « aliment pour grandir », « aliment pour être intelligent », « aliment pour courir vite » ou « aliment pour être belle ».

Exigez qu'il en mange au moins une bouchée.
Même s'il n'aime pas, appliquez la règle de la bouchée. Ça peut prendre des années, mais l'enfant finira par s'habituer au goût.

Laissez l'enfant manger le légume de son choix.
Emmenez-le faire les courses avec vous et laissez-le choisir un légume. Puis invitez-le dans la cuisine à venir le préparer avec vous. Il s'investira psychologiquement dans ce légume et en sera fier. Du coup, non seulement il en mangera peut-être, mais en plus, il est probable qu'il encouragera fermement les autres à en manger.

Faites des plats « cache-légumes ».
Il y a mille façons de camoufler un légume vert. Ragoût, lasagnes, pizza, gratin, soupe, autant de plats qui n'ont pas

Disposez les légumes de façon originale.

la couleur des légumes, ni le goût des légumes, mais qui contiennent des légumes.

Variez la présentation.

Disposez les légumes de façon à dessiner un visage souriant. Utilisez du ketchup de couleur inhabituelle (rose, vert, bleu) pour « relever » un plat de légumes. Avec les brocolis et les asperges, faites des arbres, avec les endives (crues !) des bateaux. Et tentez le tout pour le tout avec un lac en guacamole. Si ça ne marche pas, vous aurez au moins fait parler l'artiste qui sommeille en vous.

Préparez les légumes de différentes façons.

S'il n'a pas voulu les brocolis à la vapeur, proposez-les crus avec une sauce la fois suivante. Si les asperges-vinaigrette n'ont pas obtenu le succès escompté, essayez avec une sauce beurre-citron. Transformez les légumes en purée ou en jus en les passant au mixeur.

Ne proposez rien d'autre.

Déclarez qu'un soir dans la semaine, c'est repas végétarien, et ne servez que des légumes. Votre enfant en mangera s'il a faim et s'il n'y a rien d'autre à se mettre sous la dent. À la fin du repas, annoncez la fermeture de la cuisine et n'autorisez ni dessert ni grignotage.

Ne vous braquez pas sur la nourriture.

Ne vous prenez pas la tête si votre enfant mange ou non des légumes. Ne le forcez jamais à en manger, ne faites pas de chantage non plus. Ne dites pas « Si tu manges tes choux de Bruxelles, tu auras un dessert. » Cela l'empêchera de développer un penchant réel pour le légume et le renforcera dans son idée de départ : les seuls aliments dignes de ce nom, ce sont les bonbons.

COMMENT FAIRE DU CHANTAGE À VOTRE ENFANT

1 **Faites-lui une offre qu'il ne pourra pas refuser.**
Offrez-lui ce qu'il désire le plus – argent, CD, bonbons, temps passé à la console de jeux vidéo.

2 **Ne lui proposez pas trop d'emblée.**
Si vous êtes disposé à donner cinquante cents à votre enfant chaque fois qu'il pensera à tirer la chasse, commencez les enchères plus bas – proposez d'abord dix cents et attendez-vous à une série de négociations au sommet. Les enfants d'aujourd'hui sont des négociateurs-nés.

3 **Ne payez pas avant d'avoir vu.**
Différez le paiement jusqu'à ce que vous soyez certain que votre enfant a bien respecté sa part du marché. Les enfants ont une fâcheuse tendance à oublier leurs promesses quand ça les arrange.

SI VOUS SOUHAITEZ QUE CELA RESTE ENTRE VOUS

1 **Assurez-vous que vous êtes seuls au moment où vous discutez des termes du marché.**
Même les frères et sœurs plus jeunes, dont vous pensez qu'ils n'y comprennent rien, peuvent vous dénoncer un jour.

2 **Mettez-vous d'accord sur le lieu de l'échange.**
Choisissez un endroit, dans la maison ou dans le jardin, où vous déposerez la somme convenue. Mettez-la dans un sac de sport ou tout autre contenant dont la vue ne surprendra personne. Déposez le tout à l'endroit convenu

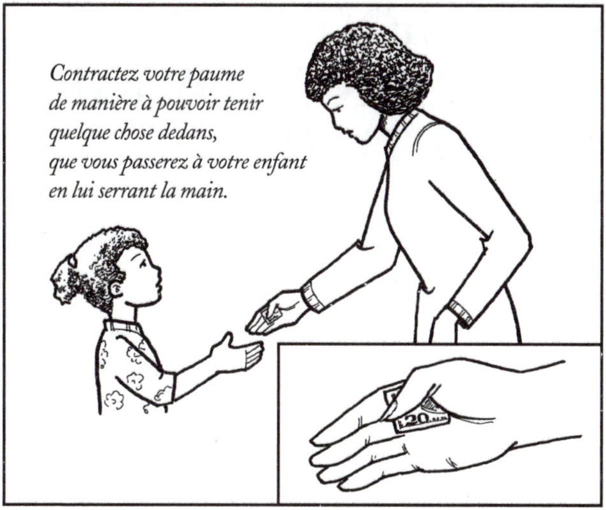

(dans la corbeille à linge, derrière les manteaux dans le placard de l'entrée, sous le lit de votre enfant...) et éloignez-vous rapidement.

3 **Pour les pièces et les billets, pratiquez la technique dite de l'empalmage.**
Tenez la pièce ou le billet au creux de votre paume, que vous contractez légèrement. Félicitez votre enfant pour avoir fait du bon travail, ou preuve de maturité. Serrez-lui la main et donnez-lui l'argent.

On vous aura prévenu

- Le chantage est très efficace, mais est presque toujours un signe de faiblesse ou de paresse de la part des parents. À vous de voir ce qui est le plus important sur le moment.
- Les couples sont souvent en désaccord sur l'opportunité du chantage avec un enfant. Les enfants y sont presque toujours favorables.

COMMENT SURVIVRE À UN LONG VOYAGE EN VOITURE

1 **Recouvrez les sièges de grandes serviettes de bain ou de draps.**
De cette manière, vous protégerez le siège arrière et le nettoyage sera plus rapide à l'arrivée.

2 **Partez tôt.**
Commencez un long voyage très tôt, dès l'aube, pour être sûr que les enfants seront fatigués et somnoleront pendant les premières heures du trajet. S'ils se réveillent

Ne prenez que le strict nécessaire.

au moment de l'heure de pointe, arrêtez-vous rapidement pour éviter les embouteillages et faire une pause.

3 **Emportez quelques incontournables.**
Parmi les articles essentiels, on trouve : de quoi grignoter, des jeux, des jouets d'éveil et des appareils de divertissement passif (par exemple un baladeur CD ou un lecteur de DVD portable).

4 **Arrêtez-vous souvent.**
Vous ne pouvez pas demander à de jeunes enfants de rester assis pendant plus d'une heure ou deux. Faites régulièrement des pauses pour changer de conducteur, vous étirer, jouer au ballon, vous défouler et aller aux toilettes. Ces arrêts permettent également d'éviter le mal de cœur et de garder le conducteur en forme.

COMMENT FAIRE PIPI SUR LE BAS-CÔTÉ

1 **Garez-vous.**
Trouvez un endroit relativement discret, tout près d'un buisson ou de gros arbres, pas trop près de la route.

2 **Sortez du côté opposé à la route.**
Laissez la portière ouverte pour avoir encore plus d'intimité. Prenez des mouchoirs ou des serviettes en papier si vous en avez.

3 **Choisissez un endroit derrière un arbre ou un buisson.**
Positionnez votre enfant à 180° par rapport à la circulation. D'une manière générale, mieux vaut que les petits garçons fassent pipi face à la pente, et les petites filles, dos à la pente.

4 **Évaluez les conditions atmosphériques.**
Notez la direction du vent et faites en sorte que votre enfant fasse pipi dos au vent.

5 **Formez un « bouclier humain ».**
S'il n'y a rien qui puisse servir de paravent, placez tous les autres membres de la famille en ligne afin de former un « bouclier humain ».

6 **Taisez-vous.**
Ne parlez pas à celui qui essaie de faire ses besoins. Cela ne ferait que le distraire, prolonger cet arrêt et, par conséquent, le voyage.

COMMENT SURVIVRE À UNE PARTIE DE BALLON

1 **Mangez équilibré.**
Commencez la journée avec un petit-déjeuner riche en protéines et en glucides, type petit-déjeuner anglais : saucisses, toasts, œufs au bacon. Buvez beaucoup pour faciliter la digestion, mais limitez la caféine qui favorise la déshydratation. Attendez 30 à 45 minutes avant de commencer à jouer.

2 **Étirez-vous.**
Pour favoriser la circulation sanguine, faites 15 à 20 minutes d'étirements intenses, de saut à la corde rapide et de sauts genoux-poitrine. Assurez-vous que tous les groupes de muscles importants – en particulier vos bras, vos épaules, vos cuisses et votre dos – sont bien détendus.

3 **Bandez-vous les chevilles.**
Bandez vos chevilles avec de l'élastoplast pour les renforcer et pour éviter de vous les tordre ou les fouler.

4 **Portez des bandeaux en tissu-éponge autour du front et aux poignets.**
C'est le meilleur moyen d'empêcher la sueur de vous dégouliner sur le visage et dans les mains.

5 **Protégez-vous les yeux.**
Il est possible que vous ayez à écarter quelques mouches ou des projections diverses. Des lunettes de soleil évitent les reflets, fatiguent moins les yeux et rendent le ballon

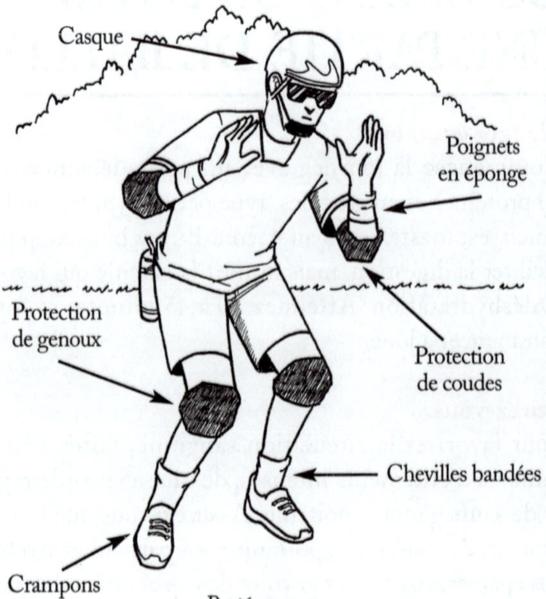

Protégez-vous.

plus visible. Portez un chapeau pour vous protéger du soleil.

6 **Portez des protections de genoux et de coudes.**
Si vous devez plonger, glisser, rouler ou vous prendre les pieds dans le tapis, mieux vaut avoir les articulations protégées.

7 **Portez des chaussures à crampons.**
Les crampons assurent une meilleure adhérence au sol.

8 **Vous pouvez y aller.**

COMMENT SURVIVRE À UN SAMEDI DE FOOT

Positivez.
Évitez de critiquer le jeu de votre enfant ou les capacités physiques des autres enfants. Ne hurlez que des encouragements, comme « Super la tête ! » ou « Trop top le petit pont ! ». Entraînez les autres parents, à plusieurs, on fait plus de bruit.

Concentrez-vous sur le match.
Ne papotez pas avec les autres parents, éteignez votre portable.

Ne critiquez pas l'entraîneur.
Ne focalisez pas sur le temps que votre enfant passe sur le banc de touche, ne critiquez pas les choix stratégiques de l'entraîneur.

Laissez l'arbitre faire son boulot.
Évitez de hurler « Hors-jeu ! » et « Y a main ! ». Soutenez l'arbitre, quoi qu'il dise.

Apportez des douceurs bonnes pour la santé.
Rien de mieux que des mélanges aux fruits secs et des barres énergétiques pour les joueurs fatigués, leurs frères et sœurs et leurs parents. Apportez une glacière avec des boissons énergétiques et de l'eau.

Apportez des pliants et des vêtements chauds.
Par pliants s'entend sièges de camping, pas transats. Par temps chaud, pensez aux chapeaux et à l'écran total. En hiver, prenez des couvertures et des blousons.

On vous aura prévenu

- Révisez les règles du jeu : un joueur est hors-jeu lorsqu'il est plus près des buts adverses que deux de ses adversaires et lorsque le ballon est touché ou joué par un de ses coéquipiers. Pour déterminer le hors-jeu, le ballon compte comme un joueur dans l'équipe adverse. Cette règle permet d'empêcher les joueurs de traîner dans la zone de réparation de l'autre équipe. Quand un joueur est déclaré hors-jeu, il perd le ballon.
- Pour calmer les papotages agaçants, apportez des sucettes, des caramels bien durs et tout autre bonbon qui soit long à mâcher ou à fondre. Proposez-en aux supporters des deux bords. L'équipe des visiteurs sera impressionnée par la gentillesse de l'équipe qui reçoit et se comportera peut-être de façon plus civilisée. Dans tous les cas, tout le monde aura les mandibules bien occupées.

Comment faire cesser une dispute

1 **Calmez les parents impliqués.**
Ne criez pas, parlez sur un ton grave, posé, et manifestez de la compréhension. Demandez aux parents qui se battent de cesser leurs enfantillages (sans utiliser ce terme, évidemment, vous risqueriez de prendre une claque au passage). Appelez-les par leur prénom ou leur nom, si vous les connaissez. Rappelez-leur qu'ils donnent un assez mauvais exemple à leurs enfants (et aux vôtres, aussi).

2 **Préparez-vous à vous interposer.**
Si les parents continuent à se battre, demandez l'aide d'un autre parent, de préférence grand et baraqué. Retirez vos lunettes, vos bijoux et vos talons aiguilles si vous en portez.

Séparez les parents qui se battent.

Arrosez les belligérants pour les calmer.

Si la dispute a attiré du monde, demandez à la foule de se disperser. La présence d'un public pourrait encourager les belligérants à continuer, ne serait-ce que pour sauver la face.

3 **Placez-vous entre les belligérants.**
Glissez-vous entre les deux protagonistes. Tendez les bras pour les tenir à distance l'un de l'autre. Continuez à leur parler d'un ton calme, mais aussi ferme que possible.

4 **Si vous avez recruté un assistant, séparez les parents en les prenant par-derrière.**
Attrapez le parent par-derrière, en refermant vos deux bras autour de son torse et de ses bras (position dite du baiser de l'ours). Plaquez votre poitrine contre son dos et attrapez vos mains par-devant pour une prise ferme (cela suppose que la personne ne fasse pas un quintal et vous quarante-cinq kilos). Votre assistant devra procéder de la même façon avec l'autre parent. Éloignez le plus possible les deux furieux. Ne les soulevez pas de terre, ils seraient capables de continuer en donnant des coups de pieds et vous risqueriez des bleus au tibia et un bon lumbago.

5 **Éloignez physiquement les belligérants.**
Entraînez-les d'un côté et de l'autre du terrain, par exemple, ou accompagnez-en un jusqu'au parking, jusqu'à ce que vous soyez sûr qu'ils se sont calmés et sont capables d'assister à la fin du match sans se prendre pour Ali et Frazier.

On vous aura prévenu

Pour séparer des belligérants sans s'impliquer physiquement :

- Videz le contenu d'une grande glacière sur ceux qui se battent ou servez-vous de bidons en plastique pour leur balancer de l'eau en pleine figure.

- Actionnez votre pompe à air compressé tout près, ça devrait les faire sauter en l'air.
- Balancez sous leurs pieds des choses glissantes, par exemple des oranges, des pommes ou des peaux de bananes.
- Jetez des couvertures sur leur tête pour les désorienter.
- Bombardez-les avec des ballons de foot pour attirer leur attention (dans ce cas de figure, vous courez cependant le risque qu'ils se retournent ensemble contre vous).

COMMENT SOIGNER UN ŒIL AU BEURRE NOIR

1 **Faites une compresse froide.**
Remplissez une chaussette propre de glace prise dans la glacière. Une canette froide de soda ou de jus de fruit fera aussi l'affaire.

2 **Asseyez-vous.**
Sur un pliant ou par terre.

3 **Renversez votre tête en arrière.**
Dans cette position, l'attraction terrestre limitera le gonflement. Faites en sorte de pouvoir quand même continuer à regarder le match avec l'œil qui vous reste.

4 **Couvrez l'œil blessé d'une compresse.**
N'appuyez pas. Si la compresse est trop froide, prenez un tissu plus épais. Gardez la compresse sur l'œil pendant au moins une heure ou jusqu'à la fin du match.

COMMENT RÉAGIR QUAND IL RAMÈNE À LA MAISON…

UN CHIEN ERRANT

1 **Impliquez votre enfant dans la recherche du propriétaire du chien.**
Expliquez-lui que le chien appartient peut-être à quelqu'un. Demandez-lui de faire des affiches qu'il mettra un peu partout dans le quartier. Appelez la SPA la plus proche pour savoir si le chien a été déclaré disparu. Demandez à votre enfant de parler au facteur ainsi qu'aux autres propriétaires de chien du quartier qui pourraient reconnaître le chien.

2 **Vérifiez les médailles et les tatouages.**
S'il a un propriétaire, un chien doit être tatoué ou porter une puce électronique, ainsi qu'une médaille, sur lesquels figurent les renseignements qui devront permettre à la SPA de retrouver le vétérinaire du chien et son propriétaire.

3 **Suivez le chien.**
Emmenez-le à l'endroit où il a été trouvé et encouragez-le à vous ramener chez lui. Mettez-lui une laisse et répétez « Allez, on rentre à la maison ! À la maison le chien ! » ou « C'est l'heure des croquettes ! » pour le motiver. Si vous vivez dans un quartier multilingue, répétez ces phrases dans chaque langue (travaillez bien votre accent, ça compte dans la compréhension).

5 **Emmenez le chien chez le vétérinaire.**
Le véto pourra procéder à un examen complet de l'état physique et du comportement de l'animal, qui doit permettre de déterminer s'il ferait un animal de compagnie supportable.

6 **Établissez clairement les tâches de chacun.**
Expliquez à votre enfant qu'avoir un chien demande beaucoup de travail. Faites une liste de toutes les tâches à effectuer régulièrement et demandez à votre enfant de s'engager réellement à entretenir et aimer son nouvel animal de compagnie.

On vous aura prévenu

Un chien qui a la goutte au nez, les poils en dreadlocks et une apparence générale négligée et sale est peut-être dans la rue depuis plusieurs semaines - approchez-vous-en avec précaution. Méfiez-vous d'un chien qui boit beaucoup d'eau et semble un peu désorienté, agressif ou renfermé. Ne vous approchez sous aucun prétexte d'un chien ayant de la bave blanche aux babines.

Un étudiant étranger

1 **Impliquez votre enfant dans la recherche des origines de l'étudiant.**
Expliquez à votre enfant que l'étudiant a peut-être déjà une famille d'accueil. Des annonces « Trouvé » doivent être rédigées et placées dans le périmètre du lycée du quartier ou de l'université la plus proche.

2 **Vérifiez les papiers de l'étudiant.**
Un étudiant étranger en règle doit avoir un passeport en cours de validité comportant un visa étudiant, et en général, une lettre d'introduction pour un établissement scolaire.

Ledit établissement doit être en mesure de contacter les parents de l'étudiant afin de vérifier son statut exact.

3 **Suivez l'étudiant.**

Emmenez-le à l'endroit où il a été trouvé et encouragez-le à vous ramener jusqu'à sa famille d'accueil. Répétez « Ramène-nous à ta famille d'accueil » ou « Montre-moi où tu habites ». Si l'étudiant sourit et hoche la tête affirmativement mais ne bouge pas, répétez ces phrases en plusieurs langues, jusqu'à ce que l'étudiant réagisse de manière appropriée (même remarque que pour le chien concernant les accents).

4 **Emmenez l'étudiant chez le médecin.**

Le médecin devrait procéder à une évaluation de l'état physique et du comportement de l'étudiant.

5 **Établissez clairement les règles à suivre et préparez-vous à un séjour de longue durée.**

Même si les étudiants étrangers sont plutôt sympas une fois intégrés dans leur nouvel environnement, il peut leur arriver d'abuser de l'hospitalité qui leur est faite. Donnez à l'étudiant une chambre à lui si vous le pouvez, assurez-lui un accès aux boissons non-alcoolisées ainsi qu'à une télévision et à un téléphone (attendez-vous à une explosion de la facture côté appels à l'étranger).

On vous aura prévenu

Observez le comportement et l'apparence de l'étudiant. Un étudiant avec la goutte au nez, les cheveux en dreadlocks et une apparence générale négligée et sale est peut-être dans la rue depuis plusieurs semaines – approchez-vous-en avec précaution. Méfiez-vous d'un étudiant qui boit beaucoup et semble désorienté, agressif ou renfermé. Ne vous approchez sous aucun prétexte d'un étudiant qui aurait de la bave blanche aux lèvres.

COMMENT RÉAGIR À LA MORT D'UN ANIMAL FAMILIER

1 **Assurez-vous qu'il est vraiment mort.**

Les chats sont capables de dormir pendant des heures sans bouger une moustache, les chiens sont parfois de grosses feignasses, les reptiles ont le sang froid et ne bougent pas de toute façon, les poissons ayant des parasites peuvent flotter à la surface, ventre à l'air et les opossums adorent plaisanter. Observez la poitrine de l'animal : si elle se soulève, même très doucement, c'est qu'il est encore en vie. Placez un miroir devant le museau de l'animal. Si aucune condensation n'apparaît, c'est qu'il est probablement mort. Prenez-le. S'il ne bouge pas et que son corps est raide et froid, c'est fichu. Cherchez son pouls dans le cou. Si vous ne le trouvez pas et que tous les autres signes indiquent que l'animal est mort, vous pouvez lui chercher un cercueil. En dernier recours, touchez délicatement la cornée de l'animal : n'importe quel être vivant réagira à un traitement pareil.

2 **Annoncez la (mauvaise) nouvelle à votre enfant.**

Si la mort de l'animal est soudaine et inattendue, il est probable que votre enfant sera triste. Expliquez-lui que la mort fait partie de la vie. Insistez sur le fait que l'animal a eu une vie heureuse, que l'enfant s'en est très bien occupé et que l'animal ne souffre plus.

3 **Préparez le corps.**
Fermez les paupières de l'animal – il se peut que vous deviez les maintenir plusieurs secondes en place avant qu'elles ne soient définitivement closes. Déposez le corps dans une boîte d'allumettes, une boîte à chaussures ou un coffre en bois et recouvrez-le d'un mouchoir, d'un torchon ou d'un drap, selon la taille de l'animal.

4 **Organisez des funérailles familiales.**
L'animal faisait partie de la famille et les enfants s'attendent à ce qu'on l'enterre lorsqu'il meurt. Proposez à chacun de dire quelques mots pendant la cérémonie. L'inhumation doit avoir lieu immédiatement après la cérémonie, mais attention, certaines communes ont des règles assez strictes et n'autorisent pas l'enterrement de Médor au fond du jardin. Voyez votre vétérinaire pour la réglementation en cours dans votre ville, ou prenez contact avec un cimetière pour animaux.

5 **Laissez votre enfant faire son deuil.**
Ne remplacez pas l'animal tout de suite. Faire son deuil est une étape importante du processus d'acceptation de la mort et votre enfant a besoin de temps pour surmonter le chagrin consécutif à la disparition de son animal de compagnie.

On vous aura prévenu

- Un enterrement au cimetière pour animaux vous coûtera de quelques dizaines d'euros à plusieurs milliers d'euros, en fonction du cimetière, de la durée de la concession, du cercueil choisi, du type de service demandé, de la taille et de la qualité de la pierre tombale ou de la plaque.

- De nombreux vétérinaires proposent la crémation de votre animal. Si le vôtre n'est pas équipé et refuse de prendre la dépouille de l'animal, les autorités sanitaires locales, une clinique vétérinaire ou une école vétérinaire le feront.

COMMENT SURVIVRE À UNE SOIRÉE PYJAMA

1 **Fixez l'heure d'arrivée à 18 heures.**

Prévoyez des activités physiques. Jouez à chat, au foot, faites de l'aérobic, de la gymnastique ou des exercices de sprint qui fatigueront les invités et avanceront l'heure du coucher.

2 **Faites un repas un peu lourd.**

La pizza, les pâtes, les sandwiches, le chili con carne et tous les plats un peu lourds à digérer donnent sommeil. Proposez-les au dîner, servez de généreuses portions et encouragez les convives à en reprendre.

Prévoyez des activités physiques pour les fatiguer.

3 **Protégez les placards, chambres et tiroirs dans lesquels vous ne tenez pas à ce qu'on fouille.**

Utilisez des cadenas et des colliers de serrage en plastique pour protéger les placards et les tiroirs. Pour empêcher les enfants d'entrer dans les pièces qui n'ont pas de verrou, installez-y des animaux qui font du bruit, ou empilez des canettes vides derrière la porte qui donneront l'alerte en cas d'intrusion.

4 **Surveillez vos invités sans intervenir.**

Donnez-leur de quoi grignoter dans de petits récipients, qui devront être remplis régulièrement et vous donneront l'occasion de vérifier que tout le monde se comporte correctement. Écoutez aux portes à l'aide d'un verre à jus de fruit (votre oreille collée contre le fond du verre). Toutes les demi-heures, allez voir si « quelqu'un veut ou a besoin de quelque chose ».

5 **Proposez des jeux vidéos ou un film pour calmer les foules.**

Faites baisser le niveau d'excitation à l'aide de jeux vidéos non-violents. Vers vingt-trois heures, proposez de regarder une épopée interminable et prenante. Tout le monde se mettra dans son sac de couchage et par conséquent dans une position favorable à l'étape suivante : l'extinction des feux.

On vous aura prévenu

Lorsque vous lancez vos invitations pour une soirée pyjama, conseillez à vos invités d'apporter non seulement leur sac de couchage, leur oreiller et leur brosse à dents, mais aussi leur jeu de société, leur jeu vidéo et leur peluche préférée.

Chapitre 3

L'ADOLESCENCE

COMMENT SAVOIR SI VOTRE ENFANT A ÉTÉ ÉCHANGÉ À LA NAISSANCE

1 **Comparez une photo de vous et de votre conjoint à l'adolescence avec une photo de votre enfant.**
Soyez particulièrement attentifs aux traits du visage – yeux, nez, bouche – et à la silhouette. Si vous ne trouvez absolument aucun point commun et que vous n'avez pas adopté votre enfant, vous avez peut-être raison : cette personne au comportement étrange n'est peut-être pas votre enfant biologique. Passez à l'étape 2.

2 **Comparez les traits de la personnalité.**
Recherchez les penchants communs et les habitudes qui sont un signe de lien génétique. Tenez compte des particularités spécifiques à chaque génération, comme les goûts musicaux et vestimentaires.

3 **Retracez les événements qui ont immédiatement suivi la naissance de votre enfant.**

- Avez-vous vu de vos yeux la sage-femme mettre son bracelet d'identité au poignet de votre bébé ?
- Votre enfant a-t-il disparu de votre champ de vision plus de quelques secondes d'affilée ?
- Avez-vous remarqué des similitudes entre le vôtre et un autre enfant de la nursery ?
- Si la réponse à une seule des questions ci-dessus est « oui » ou « je ne sais pas », cherchez d'autres preuves d'une erreur.

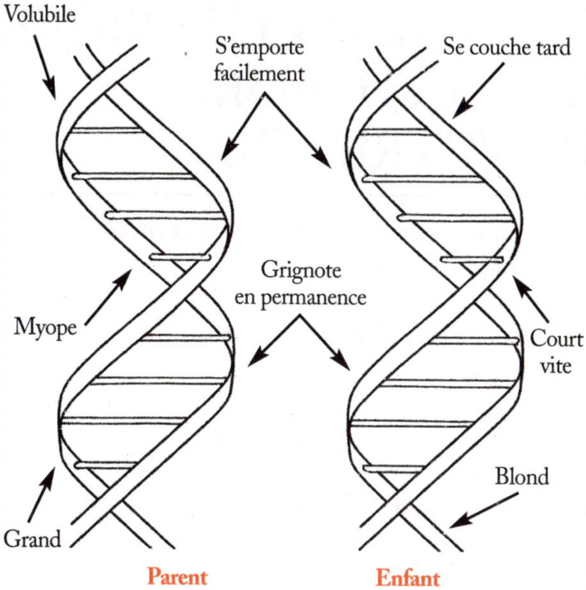

Comparez-vous à votre enfant.

On vous aura prévenu

- Le physique difficile et peu ressemblant de votre enfant peut être attribué à votre conjoint.
- Les tests ADN sont chers, et puis, depuis tout ce temps, vous avez fini par former une famille, non ?

COMMENT RÉALISER L'ISOLATION PHONIQUE DE LA CHAMBRE DE VOTRE ADO

1 **Déplacez les enceintes de manière à ce qu'elles ne soient pas contre les murs.**
Les enceintes placées directement contre les murs permettront la réverbération du son à travers les cloisons. De même, surélevez les enceintes pour les poser sur des supports ou sur de petites tables afin de limiter la réverbération à travers le plancher.

2 **Baissez le volume.**
Baissez le volume de 30 %, puis rapprochez les enceintes de votre ado pour qu'il entende toujours aussi bien.

3 **Désactivez la fonction d'amplification des graves.**
Amplifiés, les sons graves franchissent n'importe quelle barrière physique. Désactivez cette fonction sur l'ampli ou sur l'equalizer.

4 **Mettez de la moquette.**
Une bonne moquette bien épaisse absorbera la plupart des sons. N'en mettez pas sur les murs, cela changerait l'acoustique des pièces mais n'empêcherait pas le son de passer.

Encouragez votre ado à utiliser un casque audio.

5 **Installez des portes en bois massif.**
Le bois massif isole mieux que le placage.

6 **Installez des bourrelets isolants.**
Le son se glisse d'une pièce à l'autre par les interstices autour d'une porte. Collez des bourrelets isolants tout autour du chambranle, y compris en bas.

On vous aura prévenu

Offrez un casque audio de qualité professionnelle à votre ado, il sera ravi et ça vous fera des vacances. Expliquez-lui que le casque améliore la qualité du son et permet d'écouter la musique très fort. Priez pour que le casque remplace définitivement les enceintes.

Comment supporter les goûts musicaux de votre ado

Achetez-vous des boules Quiès.

Lancez une contre-offensive.
Passez l'aspirateur ou branchez la machine à vagues en position tsunami pour vous détendre quand votre ado met sa musique.

Apprenez à « kiffer » la musique qu'écoute votre ado.
Il en sera comme deux ronds de flan et changera probablement de goût. Demandez-lui s'il a le dernier CD de son chanteur/groupe favori. Montrez fièrement le poster, le T-shirt ou tout autre souvenir que vous avez pu trouver sur ledit chanteur ou groupe. Chantez à tue-tête avec la musique chaque fois que votre ado met un disque.

Dénichez des infos gênantes sur les débuts des groupes fétiches de votre ado.
Trouvez des photos humiliantes du groupe lors de ses premiers concerts. Les coupes de cheveux et les styles vestimentaires vieillissent toujours mal. Révélez des horreurs sur le passé des musiciens – une formation classique au conservatoire, un passage dans un groupe folklorique, une participation au casting de la Nouvelle Star…

Annoncez l'air de rien que vous avez entendu le petit morveux du quatrième – qui a douze ans – écouter la même musique pas plus tard que la semaine dernière.

COMMENT RÉAGIR FACE À UNE GARDE-ROBE PROVOCATRICE

1 **D'une voix calme et ferme, demandez à votre ado d'aller mettre quelque chose de présentable.**
Ne cédez pas à un caprice, restez neutre, ne réagissez pas aux yeux levés au ciel et aux soupirs.

2 **D'une voix calme et ferme, demandez à votre ado d'aller mettre quelque chose de présentable.**
Ne cédez pas à un caprice, restez neutre, ne réagissez pas aux yeux levés au ciel et aux soupirs.

3 **D'une voix calme et ferme, demandez à votre ado d'aller mettre quelque chose de présentable.**
Ne cédez pas à un caprice, restez neutre, ne réagissez pas aux yeux levés au ciel et aux soupirs.

4 **D'une voix calme et ferme, demandez à votre ado d'aller mettre quelque chose de présentable.**
Ne cédez pas à un caprice, restez neutre, ne réagissez pas aux yeux levés au ciel et aux soupirs.

5 **Ayez recours à la psychologie inversée.**
Mettez la même tenue que votre ado. Le T-shirt Anarchie Vaincra, le sweat à capuche avec slogan profanateur ou la mini-jupe au ras des fesses et les collants résille déchirés n'auront plus l'air aussi cool une fois que vous les porterez aussi.

COMMENT ÉTABLIR DES LIENS AVEC VOTRE ADO

RÉALISEZ UN TRIPLE SALTO ARRIÈRE EN SKATE-BOARD

1 **Positionnez vos pieds sur la planche.**
Placez votre pied d'appel à l'arrière, en travers de la planche. Placez l'autre pied à l'avant, au niveau des roulettes, pas trop pointé en avant et pas complètement tourné sur le côté (vous devez vous sentir à l'aise, c'est important pour l'esthétique de la figure). Bon, en gros, vos pieds doivent être parallèles.

2 **Pliez les genoux.**
C'est à peu près le seul moyen que vous avez de garder l'équilibre.

3 **Faites doucement avancer la planche.**
Poussez avec votre pied d'appel. Dès que la planche roule, replacez votre pied à l'arrière.

4 **Faites glisser votre pied avant.**
Ramenez sans le soulever votre pied avant vers le centre de la planche.

Donnez une vive impulsion sur l'arrière de la planche.
L'avant se soulève et décolle.

Atterrissez.

5 **Donnez une impulsion sur la queue.**
Donnez une impulsion sur la queue de la planche, tout en soulevant votre pied avant et en soulevant votre corps. L'avant de la planche doit quitter le sol.

6 **Avancez votre pied avant.**
Alors que l'avant de la planche est toujours en l'air, avancez votre pied avant. Cela relèvera l'arrière et le skate décollera complètement. Faire pivoter votre cheville avant est peut-être plus facile. De cette façon, la planche pivote à son tour, à l'opposé de votre pied d'appel.

7 **Restez bien au-dessus de la planche.**
Tout en étant dans les airs, gardez les pieds bien au-dessus de la planche, de manière à retomber dessus au moment de l'atterrissage. Vous et la planche avancerez à la même vitesse, donc cela doit se faire naturellement (en principe !).

8 **Laissez faire l'attraction terrestre.**
La planche retombera forcément sur ses roues, dans la mesure où les roulettes et leurs essieux sont plus lourds que la planche elle-même (et si vous avez un chat, elle a pu s'en inspirer aussi).

9 **Retombez sur la planche.**
Fléchissez les genoux pour amortir le choc. Ok, ce n'est pas un triple salto arrière, ça s'appelle un ollie, on vous a bien eu.

FAITES LE DJ

1 **Choisissez le premier morceau.**

Il doit avoir une intro assez puissante, pour donner le ton de ce qui va suivre. Placez le premier disque sur la platine de gauche. Faites glisser la molette du cross-fader tout à gauche pour que la musique passe dans ce canal. La platine de gauche correspond au canal 1, celle de droite au canal 2.

2 **Abaissez le bras.**

Posez le saphir sur le disque pour que l'assistance entende la musique.

3 **Branchez le casque.**

La table de mixage possède une entrée destinée à un casque, ce qui vous permet d'écouter le morceau suivant alors que le précédent passe encore.

4 **Choisissez le morceau suivant.**

Votre choix fait, placez le disque sur la platine de droite et assurez-vous que tout est prêt pour le passage sur le canal 2. Gardez le casque sur une oreille, et de l'autre, écoutez la musique qui sort des enceintes et notez les réactions de l'assistance.

5 **Comptez huit temps.**

Calez-vous sur le rythme (sur la batterie) du morceau qui passe et comptez jusqu'à huit tout en passant le morceau suivant dans le casque. Faites en sorte que les premiers temps de chaque mesure et de chaque morceau tombent en même temps. Avec vos doigts, ralentissez ou accélérez le morceau du canal 2 pour que les temps correspondent.

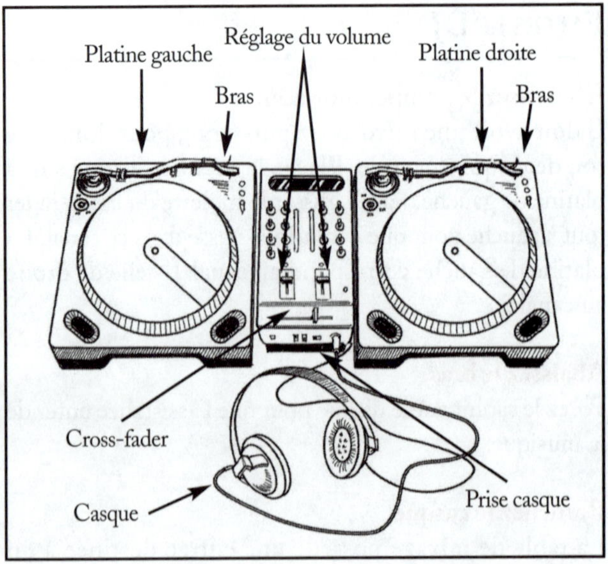

6 Passez au nouveau morceau à l'aide du cross-fader.

Le cross-fader est une molette placée dans un bloc rectangulaire, en bas de la table de mixage. Il s'actionne horizontalement, contrairement aux boutons de réglage du volume qui s'actionnent verticalement. C'est la fonction qui vous permet de passer d'un morceau à l'autre sans arrêter la musique.

7 Maintenez la continuité.

Mixer deux morceaux au bon moment est le plus difficile car le public ne doit se rendre compte de rien ou presque, et surtout ne doit pas s'arrêter de danser. La plupart des morceaux de dance et remix de DJ ont des passages où les paroles et la musique cessent brusquement, pour vous permettre de mixer facilement. Évitez de mixer en plein dans un passage avec des paroles.

8 Observez l'assistance.

Votre meilleur juge, c'est elle. Si tout le monde s'amuse, et en particulier si les danseurs enchaînent entre les morceaux sans vraiment s'arrêter, c'est que vous faites du bon boulot. En revanche, si vous constatez que l'assistance a du mal à suivre le rythme, revoyez votre choix de morceaux.

On vous aura prévenu

- Il n'y a pas deux tables de mixages identiques. Prenez le temps de faire connaissance avant le début de la soirée.
- Utilisez un chronomètre ou une montre avec une aiguille pour les secondes, pour compter les temps du morceau qui passe pendant 15 secondes, puis multipliez par 4 pour obtenir le nombre de temps par minute (ou BPM, beats per minute). En général, on commence avec des morceaux dont le BPM est relativement bas, puis on augmente progressivement le BPM. En gros, prévoyez un BPM de 88 à 110 pour un set de hip-hop ou de rap, et un BPM de 116 à 140 pour un set de techno ou de house.
- Ne baissez pas le volume du nouveau morceau après l'avoir lancé. Le volume des morceaux qui s'enchaînent doit être identique. Si on baisse le volume, l'énergie dégagée par le morceau n'est plus la même.

COMMENT GÉRER LES CRISES D'ANGOISSE DE VOTRE ADO

Le sombre poète

Les signes qui ne trompent pas : vêtements noirs, rouge à lèvres et vernis à ongles sombres, béret, cape, a toujours des livres avec lui/elle, maussade et silencieux, évite la lumière naturelle.
Ce qu'il/elle veut : une nouvelle famille (soupçonne la maternité d'avoir fait une boulette), un château perdu dans une lande balayée par les vents, des dents de vampire, écrire son propre fanzine.
Ce qu'il faut dire : « La lune est belle ce soir. »
Ce qu'il faut offrir : les *œuvres complètes* d'Edgar Allan Poe.

Le/la barré(e) à l'ouest

Les signes qui ne trompent pas : rentre dans les gens, se cogne partout, a des tics nerveux, ressemble à un chiot géant, répare ses lunettes avec du scotch, est une véritable menace sur la piste de danse.
Ce qu'il/elle veut : un peu plus de coordination, de l'à-propos, pouvoir clouer le bec à quelqu'un, l'abolition définitive des cours de gym.
Ce qu'il faut dire : « Ne t'inquiète pas, ça ne devrait pas être long à cicatriser. »
Ce qu'il faut offrir : un casque, des protège-genoux.

Le cœur d'artichaut

Les signes qui ne trompent pas : brillant à lèvres parfumé, crème pour le corps pailletée, regards furtifs, démarche

chaloupée, rire nerveux, coups de foudre à répétition.
Ce qu'il/elle veut : un premier baiser, un(e) petit(e)-ami(e), porter son blouson/sa chevalière, quelqu'un avec qui traîner entre les cours, un destinataire à tous ses poèmes d'amour.
Ce qu'il faut dire : « Moi non plus je ne suis pas allé(e) au bal de ma promo. »
Ce qu'il faut offrir : un chiot.

Le/la rebelle

Les signes qui ne trompent pas : blouson en cuir noir ou en toile rouge, T-shirts blancs avec des clopes roulées glissées dans les manches, belliqueux, cassant, regards en coin.
Ce qu'il/elle veut : être libéré des chaînes de l'oppression, que ses parents flippent quand il/elle annonce qu'il/elle va se tirer, de l'amour et de l'affection, des limites, du lait chaud, un chat sur un coussin.
Ce qu'il faut dire : « Puisque rien n'a d'importance, pourquoi ne pas en profiter ? »
Ce qu'il faut offrir : un jean Diesel.

Le/la solitaire

Les signes qui ne trompent pas : se tient toujours près du mur ou dans un coin, voyage seul par choix, se déplace furtivement dans la maison et au lycée, a un casque sur les oreilles, un gros sac de cours, des lunettes de soleil.
Ce qu'il/elle veut : de l'intimité, être seul(e), du temps pour lire et rêver éveillé(e), la fin des regards insistants, une télé à écran plat, une année sabbatique pour méditer.
Ce qu'il faut dire : rien.
Ce qu'il faut offrir : un caisson d'isolation.

L'égoïste

Les signes qui ne trompent pas : sourire satisfait, sait tout ou presque, déteste devoir écouter et faire la conversation à table en famille, voix qui porte, yeux au ciel, gros soupirs, est toujours tiré à quatre épingles.
Ce qu'il/elle veut : la reconnaissance, la reconnaissance, la reconnaissance, et un(e) assistant(e) personnel(le).
Ce qu'il faut dire : « C'est bien, mon/ma chéri(e). »
Ce qu'il faut offrir : un monocle.

L'angoissé(e)

Les signes qui ne trompent pas : se tord les mains, se ronge les ongles, fronce les sourcils en permanence, baisse les yeux, fait des listes sans arrêt.
Ce qu'il/elle veut : la disparition de l'imprévu, quelqu'un pour s'occuper de tout, savoir dès le collège à quelle université il/elle ira, rigoler un peu.
Ce qu'il faut dire : « Avec le temps, tout ira bien. »
Ce qu'il faut offrir : un komboloï, sorte de chapelet dont on égraine les perles pour se détendre.

L'accro du look

Les signes qui ne trompent pas : s'étudie sans arrêt dans le miroir, toujours armé(e) de magazines fashion, d'une bouteille d'eau et d'un sac de gym, mange sa salade sans vinaigrette.
Ce qu'il/elle veut : une peau fraîche comme la rosée, qu'on le/la « découvre » enfin, perdre 10 kg, avoir les jambes et la poitrine d'Adriana (pour les filles), pas de poitrine et des abdos en tablettes de chocolat (pour les garçons), des cheveux épais et soyeux, susciter des regards envieux et admiratifs.
Ce qu'il faut dire : « Waouh ! » (avec un grand sourire).
Ce qu'il faut offrir : un miroir grossissant.

COMMENT SURVIVRE AU PREMIER RENDEZ-VOUS AMOUREUX DE VOTRE ENFANT

1 **Méditez.**

Quelques heures avant le rendez-vous, faites un peu d'exercice, du yoga, du tai chi ou de la méditation. Inspirez profondément par le nez, expirez par la bouche. Écoutez de la musique zen. Si vous êtes sous anxiolytiques, pensez bien à prendre vos cachets ce jour-là. En cas d'oubli, et pour tous les autres cas de figure, faites-vous un cocktail 30 à 45 minutes avant l'heure du rendez-vous.

2 **Établissez le règlement.**

Informez votre ado que vous exigez de lui/d'elle quelques petites choses avant son départ :

- Une fiche signalétique de cette soirée, sur laquelle doivent figurer le nom, l'âge et les coordonnées des parents de l'heureux(se) élu(e), la destination prévue pour la soirée et les activités qui y seront pratiquées, les noms et coordonnées des autres participants à la soirée ainsi que l'heure prévue du retour.
- Sa tenue sera soumise à votre approbation, tout comme la surface de peau visible, le nombre de déchirures dans les vêtements, la couleur des cheveux et leur coiffure, le maquillage et les bijoux.

Si la personne évite votre regard et retire sa main rapidement, c'est vous qui maîtrisez la situation.

- Le/la cavalier(ère) doit se présenter à la maison. Un coup de klaxon ou de téléphone depuis la rue n'est pas recevable.
- A-t-il/elle des questions à propos des choses de la vie ? (voir page 175)
- A-t-il/elle bien noté l'heure limite de retour ?
- Il/elle doit promettre d'appeler en cas de problème, y compris en cas de retard, mais il/elle a intérêt à ne pas l'être – en retard.

3 Serrez la main de l'heureux(se) élu(e).

La poignée de main doit être longue et ferme, vous devez le/la regarder dans les yeux. Si la personne détourne le regard et tente de retirer sa main trop vite à votre goût, c'est plutôt positif : vous la mettez mal à l'aise, c'est vous qui maîtrisez la situation. Si la personne tente de faire plus fort que vous, vous broie les cinq doigts et vous fixe d'un regard d'acier, c'est qu'elle vous défie, et là, vous êtes mal.

4 **Notez sa tenue.**
Une tenue trop provocatrice ou trop classique signifie que la personne travaille un peu trop son image.

5 **Essayez de deviner son âge.**
Trop de poils sur le visage, des cheveux gris, des pattes d'oie et des remarques très significatives, telles que « Quand j'avais ton âge », « À l'époque », et « Ce n'est plus ce que c'était » sont autant de signes indiquant que la personne qui sort avec votre ado n'en est plus un(e) depuis un certain temps.

6 **Souvenez-vous que sortir en amoureux est un rite de passage, que vous y avez survécu et que votre ado y survivra aussi.**

COMMENT VOUS OCCUPER EN ATTENDANT

Jouez à deviner l'heure de son retour.
Chaque parent essaie de deviner l'heure exacte (heure et minutes) du retour de l'ado. Quand les heures avancées passent et que personne n'arrive, chaque parent choisit une nouvelle heure. Le parent qui a trouvé l'heure la plus proche de l'heure effective de retour a gagné.

Jouez à deviner l'excuse.
Chaque parent choisit trois excuses que l'ado est susceptible d'avancer pour justifier son retour tardif. Celui qui a trouvé la bonne a gagné.

Jouez à deviner la pub.
Allumez la télévision. La première personne à pouvoir nommer l'annonceur d'une pub avant que son nom soit mentionné a gagné.

On vous aura prévenu

- Ne parlez pas trop longtemps avec l'heureux(se) élu(e). Cinq minutes d'une conversation polie suffisent. Il est inutile de lui montrer des vidéos de quand votre ado avait trois ans ou d'aller chercher les albums photos. Ne prenez pas la personne en photo, n'essayez pas d'immortaliser ce moment en vidéo.
- Avancez la montre de votre ado de dix minutes.
- Évitez les questions trop directes. Ne dites pas « Bien, alors, quelles sont vos intentions exactes vis à vis de ma fille ? »
- N'accompagnez pas votre ado à son premier rendez-vous amoureux. Si vraiment vous tenez à voir ce qui se passe, suivez-les en laissant trois ou quatre voitures entre eux et vous.

Questions directes	**Questions plus subtiles**
Quel âge avez-vous ?	Pour qui avez-vous voté aux dernières élections ? Et avant celles-là ?
Vous fumez ?	Vous voulez une cigarette ?
Vous êtes alcoolique ?	Vous voulez boire quelque chose ?
Vous vous droguez ?	Vous tenez bon ?
Quelles sont vos intentions ?	Est-on amenés à se revoir ?

COMMENT SURVIVRE À LA PREMIÈRE SORTIE EN CONDUITE ACCOMPAGNÉE

1 Habillez-vous en décontracté.

Ne mettez ni casque, ni combinaison rembourrée.

2 Vérifiez l'état des dispositifs de sécurité.

Assurez-vous que les ceintures sont bien attachées et que les rétroviseurs sont correctement ajustés.

3 Inspirez profondément, soufflez lentement.

Ne retenez pas votre respiration.

4 Détendez-vous.

La tension musculaire finit par être douloureuse.

5 Gardez les mains croisées sur vos genoux.

6 Évitez les mouvements trop brusques.

N'agrippez pas le tableau de bord, ne vous jetez pas sur le frein à main, ne faites aucun mouvement brusque qui pourrait surprendre votre enfant et lui faire perdre le contrôle du véhicule. Ne fumez pas, ne mangez pas, ne lisez pas, ne chantez pas, ne mettez pas la radio, ne dites pas votre chapelet, ne parlez pas au téléphone.

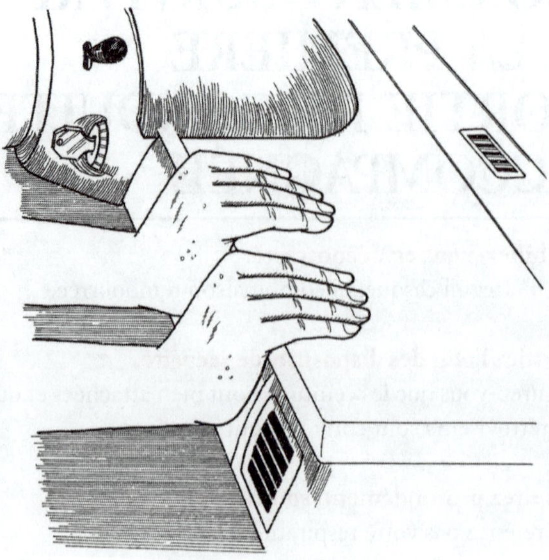

Détendez-vous. Tout ira bien.

7 **Faites des compliments au conducteur.**
Refoulez votre envie de faire des commentaires négatifs. Ne dites pas de choses comme « Tu vas nous tuer tous les deux ! » Parlez d'une voix calme, soyez positif.

8 **Ne saisissez pas le volant, le levier de vitesses ou le frein à main.**
Faites confiance au conducteur.

9 **Restez détendu.**
Tout ira bien.

COMMENT REMETTRE UN PARE-CHOCS EN PLACE

1 **Évaluez les dégâts.**
Examinez le pare-chocs et sa jupe. Un grand nombre de véhicules sont équipés d'un sur-pare-chocs en plastique, ou jupe, qui recouvre le pare-chocs en acier. C'est cette jupe qui a le plus de chances d'être endommagée.

2 **Retirez la jupe.**
Si elle est complètement désolidarisée du pare-chocs, il est déconseillé d'essayer de la remettre. Mettez-la dans le coffre ou sur le siège arrière, et allez demander conseil à un garagiste. Si elle n'est que partiellement détachée du pare-chocs, passez à l'étape 3.

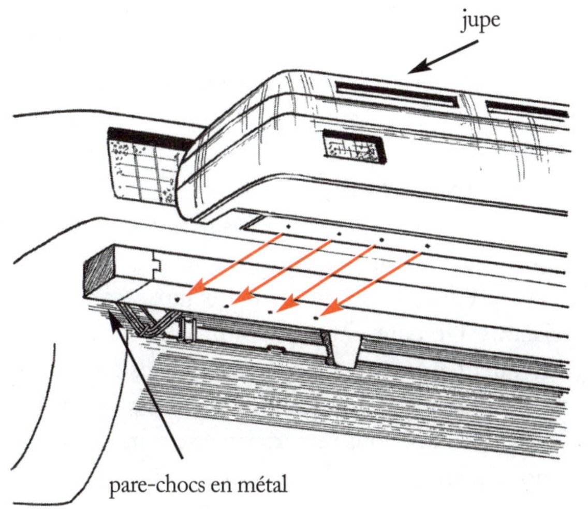

Remettez la jupe en place.

3 **Cherchez les points d'attache de la jupe.**

Sur les véhicules légers, la jupe est fixée en quatre à six endroits, en général par des vis en plastique ou des boulons métalliques, directement dans le pare-chocs. Examinez les vis ou les boulons pour voir s'ils ont été cassés ou peuvent resservir.

4 **Remettez la jupe en place avec du fil de fer.**

Si les trous des vis sont intacts, fixez la jupe au pare-chocs avec du fil de fer, de la ficelle ou de la corde que vous glisserez dans les trous des vis. Passez plusieurs fois dans chaque trou, pour plus de sécurité. Terminez par un nœud plat (voir schéma page 55).

5 **Remettez la jupe en place avec de l'adhésif.**

Si les trous de vis ne sont pas réutilisables ou sont inaccessibles, collez la jupe au pare-chocs avec de l'adhésif superpuissant. Si nécessaire, collez le tout au coffre pour éviter de le perdre en route.

On vous aura prévenu

- Choisissez un itinéraire qui vous permette de rentrer chez vous en transports publics, si nécessaire.
- Les pare-chocs, contrairement aux jupes, sont très résistants. Un pare-chocs endommagé peut par conséquent être synonyme de dommages plus importants causés au radiateur, aux amortisseurs ou à la direction. Si vous remarquez une fuite sous le moteur, appelez un dépanneur.

COMMENT ÊTRE AU COURANT DES ALLÉES ET VENUES DE VOTRE ADO

COMMENT SAVOIR SI VOTRE ENFANT VOUS A EMPRUNTÉ VOTRE VOITURE

1 **Achetez une montre bon marché indiquant la date.**

2 **Placez la montre derrière un pneu arrière de votre voiture.**
Procédez juste avant d'aller vous coucher ou de partir en voyage. Si votre voiture est garée de façon qu'il ne soit pas indispensable de reculer pour la bouger, placez une seconde montre devant un pneu avant.

3 **Vérifiez la montre.**
À votre retour, examinez la montre. Si votre enfant a emprunté votre voiture pendant votre absence, elle aura été écrasée et indiquera la date et l'heure du crime à la minute près.

Placez la montre sous le pneu.

COMMENT SAVOIR SI VOTRE ENFANT FAIT LE MUR

1 **Une fois qu'il est monté dans sa chambre pour se coucher, arrachez-vous un cheveu.**

2 **Attachez votre cheveu à la porte de la chambre de votre enfant.**

Utilisez de la salive pour le coller d'un côté sur l'encadrement et de l'autre sur le chambranle.

3 **Levez-vous plus tôt que votre enfant le lendemain matin.**

4 **Allez vérifier le cheveu.**

Si votre enfant a quitté sa chambre pendant la nuit, le cheveu se sera détaché, au moins d'un côté, ou sera tombé.

On vous aura prévenu

- Si la fenêtre de la chambre de votre ado donne sur le jardin, arrosez copieusement la pelouse tous les soirs et ratissez les endroits boueux. Le matin, cherchez des empreintes.
- Si vous n'avez pas de cheveux, si votre ado a besoin de se lever pour aller aux toilettes ou si un animal de compagnie est susceptible de faire tomber le cheveu, graissez la poignée de la porte d'entrée avec du beurre. Le matin, allez voir si elle a été nettoyée pour permettre l'ouverture de la porte.

COMMENT SURVIVRE À UNE CONVOCATION CHEZ LE PRINCIPAL

1 **Portez une tenue appropriée.**
Propre sur vous et classique, c'est le mieux. Un costume sombre et une cravate unie ou à larges rayures pour les hommes, un tailleur ou une jupe sombre et un chemisier de couleur neutre pour les femmes. Les chaussures doivent être cirées, les lacets noués. Il est probable qu'en fonction de votre apparence, le principal aura plus ou moins des doutes sur vos capacités à élever des enfants.

2 **Saluez correctement.**
Si vous savez que vous êtes dans votre droit, dites Madame/Monsieur le Principal, suivi du nom de famille de l'intéressé(e). Utiliser son titre, c'est manifester une forme de respect. Vous n'êtes pas venu dans l'intention de défier son autorité, dans la mesure où, de toute façon, vous êtes dans votre droit. Si vous êtes dans une position plus délicate, n'utilisez pas son titre quand vous l'appelez. Contentez vous de dire Madame ou Monsieur, c'est une façon de mettre tout le monde sur le même plan.

3 **Observez les réactions du principal à votre arrivée.**
S'il se lève et quitte son bureau pour venir s'asseoir avec vous, c'est le signe que l'entretien ne sera pas un affrontement. S'il se rassoit à son bureau, suggérez que l'entretien ait lieu dans un endroit plus neutre, dans la salle des professeurs par exemple. Ou même à la cafétéria ou dans le café le plus proche.

4 **Ayez le même langage corporel que lui.**

Si le principal penche vers la droite et incline la tête vers la droite, faites de même, vers la gauche. Imiter le comportement non verbal est un moyen efficace et facile de mettre l'autre personne à l'aise et le rendre plus ouvert à la discussion. Évitez de croiser les bras, on pourrait penser que vous êtes sur la défensive.

5 **Faites court, allez droit au but.**

Le principal va peut-être chercher à vous rencontrer séparément de votre enfant, pour vous monter les uns contre les autres. Avant la réunion, discutez avec votre enfant pour connaître son avis sur la question. Assurez-vous que vos revendications comme vos excuses sont les mêmes, et exprimez-les avec concision. Plus l'explication ou la justification est longue, plus vous aurez l'air coupable, et plus vous serez susceptible de vous contredire ou de contredire votre enfant.

6 **Prenez des notes.**

Faites en sorte que le principal voie que vous tenez à conserver une preuve écrite de votre conversation. Cela montre que vous êtes quelqu'un de sérieux et de consciencieux. N'enregistrez pas l'entretien, le magnétophone pourrait apparaître comme une barrière érigée par vous pour vous défendre, ce qui semble impliquer que vous allez perdre cette fois et que vous en aurez besoin plus tard.

7 **Posez des questions ouvertes.**

Les questions qui commencent par « qu'est-ce que », « comment », « pourquoi » devraient encourager le principal à vous faire des réponses plus longues, plus circonstanciées, et donc à vous donner plus d'informations sur la situation. Évitez les questions commençant par « est-ce que », qui entraînent des réponses courtes de type oui ou non et peuvent déboucher sur des conclusions qui vous mettraient sur la défensive.

8 Quand vous avez la réponse que vous vouliez, passez au point suivant.
Si le principal tombe d'accord avec vous sur un point, ne revenez pas dessus, ne continuez pas dans cette direction, passez à un autre sujet. Plus tard, vous pourrez utiliser toutes les infos obtenues à votre avantage : « Mais n'avez-vous pas dit il y a quelques minutes que c'est un(e) excellent(e) élève ? ».

9 Concédez deux-trois petites choses sans importance.
Ne cédez sur rien de fondamental, mais laissez croire au principal que vous êtes de son côté en tombant d'accord avec lui sur des arguments tendancieux. Dites « Oui, vous avez raison, mon fils est plus grand et plus fort que la plupart des enfants de sa classe. »

10 Donnez l'impression que vous êtes tous du même côté.
Ne faites pas de cette réunion un affrontement : vous, votre enfant et le principal essayez de résoudre un problème commun. Si nécessaire, manifestez de la compréhension et de la compassion envers le principal, et prenez un peu de distance par rapport à votre enfant (il faut bien que jeunesse se passe...). Si le principal établit avec vous un vrai rapport de confiance et arrive à la conclusion que vous êtes tout de même le mieux placé pour superviser votre enfant, alors ce dernier à plus de chances de s'en sortir sans être collé tous les mercredis jusqu'à la septième génération.

On vous aura prévenu

Même si votre enfant a été injustement accusé, vous battre contre le principal peut être un combat perdu d'avance – et vous ne tenez pas à envenimer les choses. Par ailleurs, c'est votre enfant qui en subira les conséquences, pas vous.

COMMENT SURVIVRE AU BAL DE FIN D'ANNÉE

SI LE(LA) CAVALIER(ÈRE) SE DÉFILE

Si le(la) cavalier(ère) se défile, mettez sur pied autant de solutions que possible pour trouver un(e) remplaçant(e).

Faites la tournée des hôtels, des restaurants et des salles des fêtes.
Appelez pour savoir quelles autres soirées ont lieu au même moment, puis rendez-vous sur place pour voir si vous pouvez trouver un remplaçant potable. Les mariages, bar mitzvahs, bat mitzvahs et bals de charité sont souvent de bons pourvoyeurs. Évitez les anniversaires de mariage, surtout à partir des noces d'or.

Lancez une chaîne de solidarité au téléphone, dans la famille et chez les amis.
Les cousins, les amis, les voisins sont tous des candidats potentiels, de même que les étudiants étrangers et les visiteurs de passage.

Appelez les magasins de tenues de bal.
Un employé de ce genre de magasin est peut-être déjà en tenue, et tout à fait enclin à vous faire plaisir.

Commandez des pizzas à plusieurs établissements en même temps.
Choisissez le livreur le plus séduisant. Soyez généreux question pourboire.

Louez les services d'une escorte.
Trouvez un établissement de bonne réputation ou une agence de mannequins. Ne laissez pas de pourboire.

Si vous devez faire le chauffeur

1 **Et bien justement, déguisez-vous en chauffeur.**
Perruque, fausse moustache, casquette de chauffeur, lunettes à verres épais, faux nez, tout est bon pour cacher votre identité. Soyez incognito, pour le bien de votre enfant, et pour le vôtre, aussi.

2 **Déguisez votre voiture.**
Faites en sorte qu'on la prenne pour celle d'une compagnie de transport. Fabriquez un panneau sur lequel vous écrirez « Limousines Service » et glissez-le derrière le pare-brise. Installez une petite glacière à l'arrière, avec des boissons gazeuses et des cacahuètes. Collez des petites étiquettes « Il est interdit de parler au chauffeur » et « Le pourboire est autorisé » au dos de votre siège et de celui du passager. Si c'est possible, empruntez sa grosse berline allemande à un copain ou à votre cousin.

3 **Parlez sur un ton cultivé, sophistiqué.**
Adressez-vous à votre enfant et à son/sa cavalier(ère) en disant « Monsieur » ou « Mademoiselle ».

4 **Ne parlez pas avec vos passagers.**
Ne vous mêlez pas à leur conversation. Même si le silence est un peu lourd à l'arrière, ne cherchez pas à détendre l'atmosphère en racontant votre bal de promo à vous et vos exploits d'ado.

5 Refoulez à tout prix le parent qui est en vous.
Même si vous constatez un comportement peu approprié sur le siège arrière, retenez-vous d'intervenir tant qu'aucune loi n'a été enfreinte ou qu'aucune vie n'est en danger. Vous êtes le chauffeur, pas le parent. Ne discutez que de l'heure à laquelle vous devrez venir chercher ces messieurs dames.

COMMENT ÉVITER UNE BLESSURE EN PIQUANT LE BOUQUET DE CORSAGE

Épinglez vous-même le bouquet de corsage sur la robe de votre fille, cela évitera à son cavalier d'être très, très embêté, et à votre fille d'avoir très, très mal. Si c'est votre fils qui va au bal, montrez-lui comment faire.

1 Retirez le bouquet de corsage de sa boîte.

2 Faites attention à la longue épingle.
Il doit y avoir au moins une épingle qui traverse la fleur ou sa tige.

3 Retirez la ou les épingles du bouquet.

4 Placez le bouquet de manière que les fleurs soient en haut.

5 Déterminez le meilleur emplacement pour le bouquet.
Tout dépend de ce que porte la jeune fille. En général, on fixe le bouquet de corsage à hauteur de la clavicule, pour qu'elle puisse, en tournant légèrement la tête, sentir les fleurs. Ne fixez pas le bouquet trop haut, cela la gênerait. Si elle porte une robe bustier, fixez le bouquet à sa taille ou sur sa pochette de soirée.

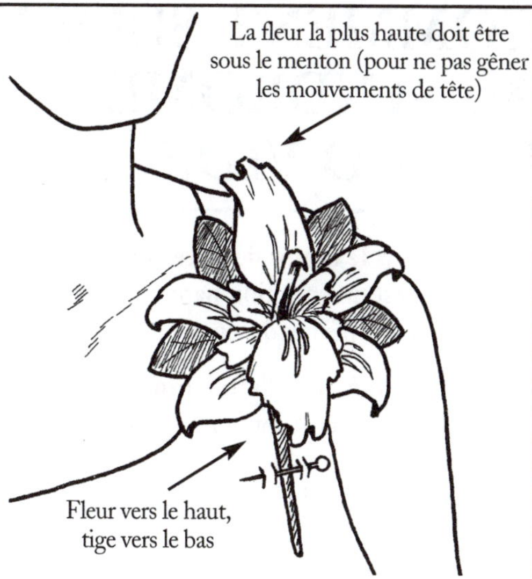

Piquez dans la robe, ressortez, passez par-dessus la tige, repiquez et ressortez.

6 **Fixez le bouquet sur le tissu.**

Détachez doucement le tissu de la peau, ou glissez vos doigts, paume vers vous, entre la robe et la peau. Piquez l'épingle horizontalement, d'abord dans le tissu (vers elle), puis ressortez (vers vous) et passez par-dessus la tige du bouquet et repiquez dans le tissu (vers elle) pour ressortir une dernière fois (vers vous). Vous aurez fait en tout quatre trous dans sa robe.

On vous aura prévenu

Pensez bien à ressortir l'épingle une dernière fois. Sa pointe doit être à l'extérieur de la robe.

COMMENT SURVIVRE AU SYNDROME DU NID VIDE

1 Donnez-vous le temps de faire votre deuil.
La tristesse est une réaction naturelle au départ d'un enfant. Autorisez-vous à pleurer de temps en temps sans en avoir honte.

2 Réalisez un transfert d'affection temporaire.
Pour faciliter la transition, prenez un animal de compagnie ou faites faire un agrandissement grandeur nature d'une photo de votre enfant en pied.

3 Sevrez-vous.

- Changez les meubles de place dans toute la maison, pas seulement dans la chambre de votre enfant. Un intérieur nouveau peut vous donner le sentiment d'aborder une nouvelle étape de votre vie.
- Retirez les photos les plus récentes de votre enfant, elles peuvent vous rappeler qu'il était à la maison encore récemment. Remplacez-les par des photos plus anciennes.
- Instaurez une boîte à souvenirs, dans le même style que la boîte à jurons dans laquelle on doit glisser une pièce chaque fois qu'un juron a été lâché dans la maison. Une boîte de ce type punit les infractions dites du « Tu te souviens, quand… » et aide à modifier son comportement.

4 Transformez la chambre de votre enfant en un espace bien à vous.
Installez un lit-placard ou un canapé convertible pour que lors de ses visites, il puisse avoir un endroit ou dormir, mais

Retrouvez votre vie d'avant.

modifiez définitivement la fonction de la pièce. Faites-en une salle télé, une salle de gym ou une serre.

5 Retrouvez votre vie d'avant.

- Lisez un livre.
- Invitez des amis à dîner.
- Renvoyez la bonne.
- Appréciez le calme et le silence.
- Regardez les émissions de télé qui vous plaisent.
- Retrouvez les choses là où vous les avez posées.
- Partez en voyage.

On vous aura prévenu

Faites une liste des choses qui vous agaçaient, vous gênaient et vous mettaient en colère chez votre enfant. Quand vous commencerez à les évoquer avec tendresse et le sourire aux lèvres, alors vous aurez abordé avec succès la nouvelle étape de votre vie.

COMMENT SURVIVRE SI VOTRE ENFANT REVIENT AU BERCAIL

Soyez à l'écoute des besoins de votre enfant – pendant quelque temps.
Il arrive qu'un enfant regagne le domicile familial à cause d'un changement négatif dans sa vie. Soyez compréhensif, le retour d'un enfant à la maison est une expérience aussi difficile pour vous que pour lui. Mais ne vous laissez pas exploiter non plus.

Demandez-lui de payer un loyer.
Basez-vous sur les prix du marché. Un prix d'ami ne ferait qu'encourager votre enfant à rester.

Répartissez les tâches.
Plus de gens à la maison signifie plus de travail, alors demandez-lui de l'aide pour plier le linge, tondre la pelouse, nettoyer l'allée, faire la vaisselle, ramasser les feuilles mortes, etc. Ne proposez pas d'argent de poche. Si d'autres membres de la famille sont également revenus – votre belle-fille, vos petits-enfants – donnez-leur aussi quelque chose à faire.

Incitez-le au départ.
Mettez les petites annonces de boulot devant sa porte, ne changez pas votre message sur votre répondeur, ne lui préparez pas ses repas, ne changez pas ses draps, ne le laissez pas regarder la télé dans la salle de séjour.

Ne changez rien à votre nouveau style de vie.
Continuez à recevoir votre club de lecture, de bridge et à donner vos soirées cocktail. Continuez à utiliser son ancienne chambre comme vous l'aviez décidé : salle télé, salle de gym, salle de couture.

COMMENT EMPÊCHER UN RETOUR AU BERCAIL

Changez les serrures.
Et aussi le code de l'alarme.

Repeignez la maison.
Il ne la reconnaîtra peut-être pas.

Cachez la voiture.
Garez-la dans une autre rue.

Mettez un autre nom sur la boîte à lettres/la porte.

Prenez un animal de compagnie, de préférence gros et agressif.
S'il est allergique aux poils, n'importe quel roquet ou matou des rues fera l'affaire.

Déménagez pour une maison plus petite.

Disparaissez.
Prenez de très longues vacances, louez un camping-car ou quittez simplement la ville. Éteignez votre portable. Ne laissez pas d'adresse où faire suivre le courrier.

Mettez un autre nom sur la boîte à lettres.

Prenez un animal de compagnie gros et agressif.

Changez les serrures.

Disparaissez.

On vous aura prévenu

Être parent, c'est en prendre pour perpette.

Appendice

LES PRINCIPALES EXPRESSIONS CLICHÉS UTILISÉES PAR LES PARENTS

Quand j'avais ton âge, on…
Parce que tu es un enfant et que je suis ton père/ta mère.
Mais la vie est injuste, mon chéri.
Quand tu auras des enfants, c'est toi qui feras la loi.
Si on appelle ça l'heure d'aller se coucher, ce n'est pas pour rien.
Est-ce qu'il faut que je me déplace ?
Tu t'ennuies ? Moi, c'est papa. Ravi de te connaître.
On est bientôt arrivés.
Ne me fais pas répéter.
C'est la deuxième fois que je te le demande. À la troisième, tu es privé de télé.
Mange ta soupe.
Bien, donc tu n'as pas envie de dessert ce soir ?
Parce que c'est ma maison.
Parce que c'est ma voiture.
Parce que je te le dis.
Parce que, c'est tout.
Parle-moi encore sur ce ton, et ton argent de poche, je le dépense en brocolis.
Vivement que tu aies des enfants, tiens.
Tu veux bien faire moins de bruit, je n'entends plus l'aspirateur.
Tu chauffes le jardin, là ?
L'argent, ça ne se trouve pas sous le sabot d'un cheval.

Je vais te donner des raisons de pleurer, moi.
Peut-être.
Mange tes haricots verts.
Occupe-toi un peu.
Tu n'aurais pas quelque chose à me dire, par hasard ?
Tant que ce vase ne sera pas cassé, ça n'ira pas, c'est ça ?
Si Machin saute dans le vide, tu fais pareil, alors ?
Tout ce que je souhaite, c'est que tes enfants te ressemblent.
Quand j'avais ton âge, on n'avait pas…
Voilà pourquoi tout n'est pas toujours comme on le voudrait.
Il est hors de question que tu sortes dans cette tenue.
Moi vivant(e)…
Tu veux attraper la mort ?
Avec tout ce que je fais pour toi, voilà comment tu me remercies.
Voilà pourquoi j'ai des cheveux gris.
Tu n'as rien à faire ? Je vais te trouver de quoi t'occuper, moi.
Tu sais qu'en Afrique, il y a des enfants qui n'ont rien à manger ?
Parce que c'est bien pour toi.
Ne te bourre pas de pain.
Mange tes choux de Bruxelles.
Avec ce que tu laisses dans ton assiette, on pourrait nourrir tout un village de…
Attention, je vois ton nez qui s'allonge.
Je t'avais prévenu.
Va pleurer dans ta chambre, ça nous fera des vacances.
Parce que c'est comme ça.
Tant que tu vis sous mon toit, tu obéis à mes règles.
Les enfants n'ont pas voix au chapitre.
Ne me fais pas m'arrêter au bord de la route…
Mange ta soupe.
Va demander à ton père/ta mère.

PETIT LAÏUS SUR LES CHOSES DE LA VIE

Mon fils/ma fille, je crois que tu es assez grand(e) aujourd'hui pour comprendre certaines choses de la nature, et en particulier comment nous arrivons sur cette terre. Je préfère que tu apprennes ces choses-là de moi plutôt que d'autres enfants à l'école qui ne comprennent peut-être pas tout très bien. Je vais t'expliquer comment ça se passe et tu pourras me poser toutes les questions que tu veux. Surtout, ne te sens pas gêné(e).

Tu as déjà remarqué qu'il existait des différences entre les garçons et les filles, entre les papas et les mamans, et bientôt, tu vas constater que ton corps va se mettre à changer. Ces changements sont normaux, ils sont provoqués par les hormones que ton corps produit. Ces hormones et ces changements, c'est la façon qu'a ton corps de devenir un adulte capable de faire des bébés.

Il faut un homme et une femme pour faire un bébé, tout comme il faut un chien et une chienne pour faire des chiots. La femelle a une portée, ce qui signifie qu'elle donne naissance à plusieurs chiots en même temps. D'autres animaux ont des bébés en pondant des œufs, mais il faut quand même un poulet mâle, appelé un coq, pour que le poulet femelle, appelé poule, produise des œufs avec un petit poussin à l'intérieur. Les poules peuvent pondre des œufs sans coq, que l'on mange à la coque (ha, ha) parce qu'ils ne sont pas fécondés, ce qui signifie qu'ils n'ont pas de petit poussin à l'intérieur et qu'ils ne vont pas éclore. Tous les oiseaux pondent des œufs. Les poissons aussi, mais les poissons mâles les fécondent différemment.

Bien, je crois que cela suffit pour aujourd'hui. Tu as des questions ?

GLOSSAIRE D'ARGOT DES ADOS

Expression	Traduction
Arracher (s') :	partir
Balle (c'est d'la) :	c'est génial
Bédave :	action de fumer un joint
Blindé :	riche
Bouillave :	coucher avec
Caillera :	verlan de racaille
Calculer (ne pas) :	ignorer quelqu'un
Capter :	comprendre
Chooses :	chaussures
Charmante :	jolie fille
Chouraver :	voler
Daron(ne) :	père/mère
Déchiré :	sous l'effet de l'alcool/la drogue/ la fatigue)
Déchirer sa race :	être mieux que tout
Deg' de lav' :	dégoûté de la vie, en avoir marre
Double airbag :	grosse poitrine
Gaver :	ennuyer
Grave :	bête ou nul, selon le contexte
Haine (avoir la) :	avoir honte
Hype :	très tendance
Incruste (taper l') :	s'immiscer
Keuf :	verlan de flic, policier
Kiffer :	adorer
Loucedé (en) :	en douce, discrètement

Expression	Traduction
Mater :	regarder
Même (la) :	la même chose
Meuf :	verlan de femme
Ouf :	verlan de fou
Pécho :	verlan de choper, attraper
Péfra :	verlan de frappé, dingue
Pété de thunes :	très riche
Relou :	verlan de lourd, qui prend la tête
Scratcher (se) :	se faire mal
Taxer :	emprunter
Tèje (se faire) :	verlan de jeter, se faire envoyer balader
Teuf :	verlan de fête
Thon :	fille laide
Thune :	argent
Vas-y :	s'il te plait, laisse-moi tranquille (selon le contexte)
Vedger :	ne rien faire, être amorphe
Vénère :	verlan d'énervé
Vite fait :	plus ou moins, un peu
Zikmu :	verlan de musique

DÉCODEUR DE TEXTOS

Abréviations de texto	Traduction
a12c4 :	à un de ces quatre
apl :	appelle
bi1 :	bien
bjr sava :	bonjour, ça va ?
c :	c'est
2m1 :	demain
g :	j'ai
GpaCzi :	je n'ai pas compris
gvgt :	je végète (je ne fais rien)
hand :	have a nice day, bonne journée
jtm :	je t'aime
jva+ :	j'y vais, à plus tard
kc :	cassé !
k29 :	quoi de neuf?
k7 :	cassette
lol : laugh out loud	je trouve ça très drôle
mdr :	mort de rire
pk/pq :	pourquoi
ptdr :	pété de rire
slt :	salut
tkt :	t'inquiète
tlm :	tout le monde
tbl :	t'es belle
toqp :	t'es occupé ?
wétu :	où es-tu ?
xdr :	explosé de rire

LES EXPERTS

Colin C. Adams est professeur de mathématiques au Williams College, et spécialiste des nœuds.

American Acamemy of Pediatrics (www.aap.org)

Stevanne Auerbach est spécialiste du développement de l'enfant et auteur de nombreux ouvrages sur le jeu et les jouets. (www.drtoy.com)

David G. Berkebile s'intéresse particulièrement aux problèmes de dos chez les enfants et donne des conférences sur ce sujet. (www.dcberk.com)

Amy L. Best est professeur assistant de sociologie à l'université de San Jose et s'intéresse aux rites de passage comme le bal de fin d'année.

Maribeth Bond voyage beaucoup, a deux enfants et donne des conférences sur les femmes. (www.womentraveltips.com)

Chad Booswang est avocat à Philadelphie.

Brent W. Bost est médecin, membre de la société américaine d'obstétrique. Son cabinet est à Beaumont, au Texas, et il a accouché plus de 7 000 bébés.

Eileen Buckholtz et son fils, Ryan, ont créé le site www.TeenDriving.com sur les jeunes conducteurs et la sécurité.

Kathleen Burklow est psychologue à l'hôpital pour enfants de Cincinnati.

Dominic Cappello conçoit des émissions d'aide aux parents et aux éducateurs dans les domaines de la santé, de la sécurité et de la communication.

Amy Chezem est directrice des relations publiques de l'Association nationale des fabricants de chewing-gum. (www.nacgm.org)

Edward R. Christophersen est docteur en psychologie et professeur de pédiatrie à Kansas City, Missouri.

Karen S. Deerswester est PDG de l'entreprise qu'elle a fondée : Family Time Inc (www.familytimeinc.com), qui forme des enseignants et des intervenants de la petite enfance et développe, entre autres, des centres parents/enfants.

Anita Dunham-Potter voyage et écrit, après avoir été hôtesse de l'air. Elle a deux enfants et édite un bulletin sur le voyage avec (et parfois sans) enfants, disponible sur www.AnitaVacation.com.

Warren Eckstein travaille avec les animaux depuis 30 ans et a écrit de nombreux livres sur comment vivre avec eux. (www.warrenesckstein.com)

Kandy Ferriby dirige The Doll Company, un magasin spécialisé dans la réparation des jouets et des poupées. (www.4theloveofdolls.com)

Alan Fierstein est président d'Acoustilog, une société spécialisée dans les mesures accoustiques, à New York.

Chuck Fresh est DJ en Floride. Il produit aussi des spots pub pour la radio et fait du consulting pour les clubs et les bars.

Mark Frey enseigne l'informatique au lycée Skyline, en Californie. Depuis 1995, il note les différentes tendances dans l'argot des ados et tient un dictionnaire de l'argot d'Oakland sur www.vowcommunications.com.

Jacqueline Haines dirige un institut de développement personnel, le Gesel Institute of Human Development.

Charles Henderson est professeur assistant de physique à l'université Western Michigan.

Joan Holub a écrit plus de 50 livres pour enfants. (www.joanholub.com)

Alice Sterling Honig est professeur émérite à l'université de Syracuse et a écrit de nombreux ouvrages sur comment élever ses enfants.

Ron Huxley est thérapeute pour enfants, spécialiste du traitement de l'angoisse, père de quatre enfants. (www.parentingtoolbox.com)

Harriet Joseph est directrice associée d'un programme de formation de l'unité de Pennsylvanie. Elle a deux enfants et a autrefois hébergé un étudiant étranger.

Ken Kaiser a travaillé 30 ans dans l'industrie du jouet et se spécialise aujourd'hui dans l'amélioration de la qualité des jouets.

Janis Keyser en enseignante en Californie, spécialisée dans la petite enfance et la famille. Elle organise des ateliers pour les parents et les enseignants depuis plus de trente ans.

Melisa W. Lai est médecin urgentiste et chef de clinique.

James Li est médecin et enseigne aux futurs urgentistes de l'école de médecine de Harvard.

Eric Lombardini est vétérinaire, capitaine dans le corps vétérinaire de l'armée américaine.

Jim Maas est professeur de psychologie spécialisé dans le sommeil à l'université Cornell, il travaille avec les athlètes de l'équipe olympique sur les techniques de sommeil. Son site internet www.remmyweb.com est spécialisé dans les problèmes du sommeil chez l'enfant.

Richard Meischeid est consultant à Philadelphie, entraîneur de foot et père de deux enfants qui font beaucoup de sport.

Steven Miller est directeur des urgences pédiatriques à l'hôpital presbytérien de New York.

Vinny Minchillo est expert en démolition de voitures et cadre dans la publicité.

Jodi Mindell est la directrice adjointe du Centre de Traitement des Troubles du sommeil à l'hôpital pour enfants de Philadelphie.

Janet Mullington est professeur assistant de neurologie à l'école de médecine d'Harvard, spécialiste du sommeil et mère de deux jumeaux.

Susan Newman est psychologue spécialiste de la famille et auteur de nombreux ouvrages sur la parentalité.

Monica Pacheco-Zech anime des stages sur la sécurité routière et la conduite.

Don Rabon dirige le département Enquête de l'école de police de Caroline du Nord.

Bill Ranger dirige à Toronto, comme quatre générations avant lui, Macklem's baby carriages and toys, une entreprise spécialisée dans la réparation de poussettes et de landaus de toutes époques.

Jeff Raz a travaillé dans des cirques comme clown, acrobate et jongleur. Il a aussi été acteur, metteur en scène et auteur dramatique. Il dirige aujourd'hui le conservatoire des clowns à San Fransisco. (www.circuscenter.com)

Adelaide Robb est pédiatre au centre de psychiatrie pour enfant du District of Columbia.

Gail M. Saltz est directrice des relations publiques de l'Institut Psychoanalythique de New York et professeur assistant en psychiatrie à l'hôpital presbytérien.

Ellyn Satter est thérapeute familiale, diététicienne et auteur de plusieurs ouvrages sur les enfants et la nourriture.

Lawrence B. Schiamberg est doyen et professeur à l'université du Michigan, spécialiste du développement humain et du vieillissement.

Lisa Schulman est journaliste et collabore régulièrement à des publications sur l'éducation.

Hugh Shelton est un spéciliste de la réparation des chariots d'enfants à Gonzales, au Texas.

Joan Elizabeth Shook est médecin urgentiste à l'hôpital pour enfants de Houston et professeur de pédiatrie.

Myrna B. Shure est professeur de psychologie du développement à l'université Drexel

John Simonetti est astronome et professeur associé de physique à Virginia Tech à Blacksburg, en Virginie.

Lorena Siqueiro est pédiatre à Miami, spécialiste de l'adolescence.

Laurel Smith a été enseignante avant de fonder www.Monsminivan.com, un site spécialisé dans les jeux et les activités à faire en voyage. Elle a fait des milliers de kilomètres avec ses trois enfants et vit en Louisiane.

Paul Soven est professeur de physique à l'université de Pennsylvanie.

Gary Sowatzka est médecin pour poupées depuis 20 ans, en a réparé des milliers, de toutes sortes. Il répond à toutes vos questions sur son site www.sowatzka.com.

Maxine Sprague est maman, éducatrice et auteur d'ouvrages destinés à simplifier la vie de ses semblables. Elle vit à Alberta, au Canada, avec sa famille.

Robert W. Steele est pédiatre à Springfield, dans le Missouri.

Bridget Swinney est nutritionniste, spécialisée dans l'alimentation prénatale et les habitudes alimentaires familiales. (www.healthyfoodzone.com)

Robin Thompson fait des conférences sur l'étiquette dans les lycées et les université et les entreprises. (www.etiquette-network.com)

Judith Turow est pédiatre et professeur assistant à l'école de médecine de Philadelphie.

David Ufberg est gynécologue obstétricien et professeur assistant à l'université de Pennsylvanie. Il a accouché des milliers de bébés.

Penny Warner est l'auteur de nombreux ouvrages sur comment organiser des fêtes pour les enfants. (www.pennywarner.com)

James M. Watt est serrurier depuis plus de 30 ans et siège au conseil d'administration de l'association des serruriers américains.

Lennard Zinn est coureur cycliste, ancien membre de l'équipe olympique de cyclisme sur route et auteur de nombreux ouvrages sur le VTT.

LES AUTEURS

Joshua Piven dépassait souvent l'heure du couvre-feu, a fait l'école buissonnière de temps en temps et s'est retrouvé une fois enfermé dans un vestiaire du lycée. Il fait encore des caprices et évite les choux de Bruxelles, mais plus personne ne lui pique son quatre heures. Avec David Borgenicht, il est l'auteur de la série des « *Scénario catastrophe* ».

David Borgenicht est le co-auteur de la série des « *Scénario catastrophe* » et le co-parent d'une fillette adorable, Sophie. Il a survécu au manque de sommeil, aux débordements de couches et aux joies du voyage en avion avec un enfant. Il vit à Philadelphie.

Sarah Jordan est auteur, elle vit à Philadelphie avec son mari, Jon, et leur fils, Charles. Elle a survécu à un accouchement provoqué, aux groupes de discussions pour mamans angoissées, aux marathons de recrutement de nounous et peut tenir un débat sur le temps que doit passer un nourrisson sur le ventre et l'addiction à la totote.

Brenda Brown est illustratrice et dessinatrice free-lance. Ses œuvres ont été publiées dans de nombreux livres et grands magazines, dont les *Scénario catastrophe*, *Reader's Digest* et *The Saturday Evening Post*. Son travail a également été publié dans des collections spécialisées dans l'éducation, sur des sites internet et des campagnes de sensibilisation. Site personnel de Brenda : http://webtoon.com

Consultez www.worstcasesscenarios.com pour des mises à jour, nouveaux scénarios et bien plus ! Parce qu'on ne sait jamais ce qui peut arriver…

REMERCIEMENTS

Joshua Piven remercie les experts pour tous leurs conseils avisés et le sens de l'humour dont ils ont fait preuve lors de la rédaction de cet ouvrage. Puissent leurs enfants apprécier leur sagesse autant qu'il l'a appréciée !

David Borgenicht remercie les éditeurs Jay Schaeffer, Melissa Wagner et Steve Mockus pour leur esprit créatif et leur regard critique ; Frances J. Soo Ping Chow pour ses compétences graphiques et ses cheveux ; l'ensemble du personnel de Quirk Books et Chronicle Books pour leur présence à nos côtés. Mais surtout, il remercie les experts qui ont contribué à cet ouvrage (il est indéniable que leurs efforts contribueront à sauver la vie de parents désespérés un peu partout dans le monde), Suzanne, son épouse (rien n'aurait vraiment été possible sans ELLE) et Sophie, sa fille (qui lui a appris tout ce qu'il sait sur l'éducation – à l'ancienne).

Sarah Jordan remercie tous les pédiatres et experts en éducation ; elle remercie aussi sa famille et son équipe de baby-sitters – Mamie Barbara Jordan, Andrea Torzone, Jessica Capizzi et Rebecca Kenton – grâce à qui cette maman a pu travailler. Enfin, elle adresse son infinie gratitude et tout son amour à un super-papa et mari, Jon, et à un assistant hors-pair, son fils Charles.

À situation extrême, réponse extrême. Éléphants qui chargent, gorille en colère, moto qui dérape, inondation-éclair ou retombées nucléaires, chute dans un égout, quand cela vous arrive, il faut savoir quoi faire, et vite.
Voici enfin le guide indispensable, clair et illustré, qui facilitera la vie de ceux à qui tout peut arriver. Déjouer une meute de loups, encaisser une balle, éviter une attaque de vampires, sortir de route en montagne, faire atterrir une montgolfière en cavale, passer d'un immeuble à un autre sur un câble, réagir en présence de poudre blanche suspecte, se sortir d'un trou après avoir été enterré vivant… tout cela est possible !

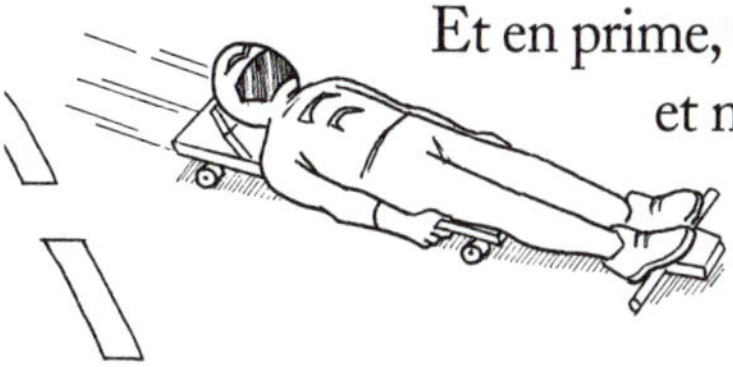

Et en prime, une liste de ce que l'on peut boire et manger en dernier recours et des nœuds à réaliser pour faire face à toute épreuve.

En vente en librairies et grandes surfaces ou sur notre site www.editions365.com

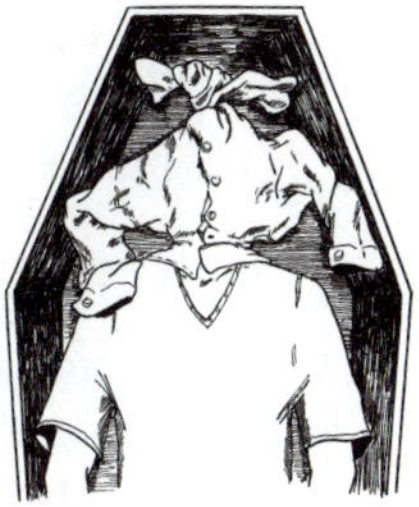

***Pour découvrir la collection complète Scénario catastrophe, rendez-vous sur notre site* www.editions365.com**

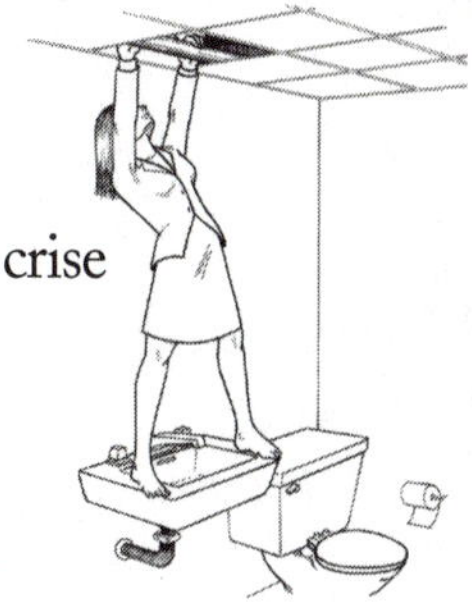

ON
ENSEMBLE

Traduit de l'anglais par Agnès Girard.

ISBN 978-2-35155-129-5

Imprimé en février 2008 par Hérissey.

Dépôt légal mars 2008.

Diffusion Hatier.
Distribution Hachette.

éditions 365
editions365.com

Éditions 365
32, rue de Londres - 75009 Paris
www.editions365.com